“十三五”国家重点出版物出版规划项目

南水北调中线工程河南省考古发掘报告

河南省文物局　主编

第34号

辉县路固

（下）

中国社会科学院考古研究所　编著

科学出版社

北京

内 容 简 介

2006年4月至2007年12月，中国社会科学院考古研究所安阳工作站对南水北调中线工程干渠——河南新乡市辉县路固村西发掘了一处墓地，有汉代墓葬148座，宋代墓葬30座，另有少量明代墓和清代墓。汉代墓地范围内有汉代建筑基址、陶窑、水井和灰坑。汉代墓葬出土遗物有陶器、铜器、铁器、银器、铅器、铜镜、钱币、玉器、石器、琉璃器、玛瑙器、骨器、漆木器和粉块等。

路固汉代墓葬群的发掘，应是豫北地区汉代墓地规模较大、也较为系统的一次发掘，墓葬间的空间布局清楚，出土遗物丰富，为豫北地区的汉代墓葬制度研究提供了重要资料。

本书可供考古学、历史学方面的专家学者和高校相关专业的师生参考、阅读。

图书在版编目（CIP）数据

辉县路固 / 中国社会科学院考古研究所编著. —北京：科学出版社，2017.10

（南水北调中线工程文物保护项目河南省考古发掘报告；第34号）

“十三五”国家重点出版物出版规划项目

ISBN 978-7-03-055097-2

Ⅰ.①辉…　Ⅱ.①中…　Ⅲ.①汉墓-墓群-发掘报告-辉县　Ⅳ.①K878.85

中国版本图书馆CIP数据核字（2017）第268577号

责任编辑：张亚娜 / 特约编辑：田　雨 / 责任校对：邹慧卿

责任印制：肖　兴 / 封面设计：陈　敬

科学出版社 出版

北京东黄城根北街16号

邮政编码：100717

http://www.sciencep.com

中国科学院印刷厂 印刷

科学出版社发行　各地新华书店经销

*

2017年10月第　一　版　　开本：889 × 1194　1/16

2017年10月第一次印刷　　印张：53　插页：198

字数：2 300 000

定价：980.00元（全三册）

（如有印装质量问题，我社负责调换）

"13th Five-Year Plan" National Key Publications Publishing and Planning Project

Reports on the Cultural Relics Conservation
in the South-to-North Water Diversion Project
Administration of Cultural Heritage of Henan Province
Henan Vol.34

Lugu Cemetery in Huixian

III

Institute of Archaeology, Chinese Academy of Social Sciences

Science Press
Beijing

图版目录

1. 勘探现场（西→东）

2. C区T1-T6布方（南→北）

钻探与布方情况

图版二

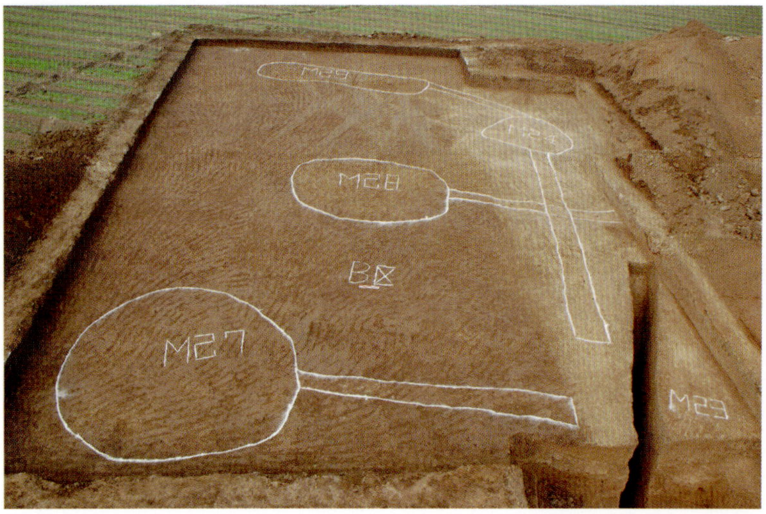

1. B区T5墓葬（东→西）

2. B区T18墓葬（南→北）

3. B区T20墓葬（西→东）

墓葬开口和分布情况

1. A区T12墓葬（北→南）

2. A区T20墓葬（北→南）

3. A区T3墓葬（南→北）

墓葬开口和分布情况

图版四

1. A区T22墓葬（东→西）

2. A区T29墓葬（南→北）

3. A区北部发掘现场（南→北）

4. A区西北部发掘现场（西→东）

墓葬开口情况和发掘现场

1. CM3发掘现场（东→西）

2. CM2发掘现场（西→东）

3. CM3发掘现场（南→北）

4. BM3发掘现场（东北→西南）

发掘现场

图版六

发掘现场

1. B区T18发掘现场（南→北）

2. A区T22发掘现场（南→北）

3. A区T29、T30发掘现场（南→北）

发掘后的墓葬分布情况

1. 陶器修复

2. 图文资料初步整理

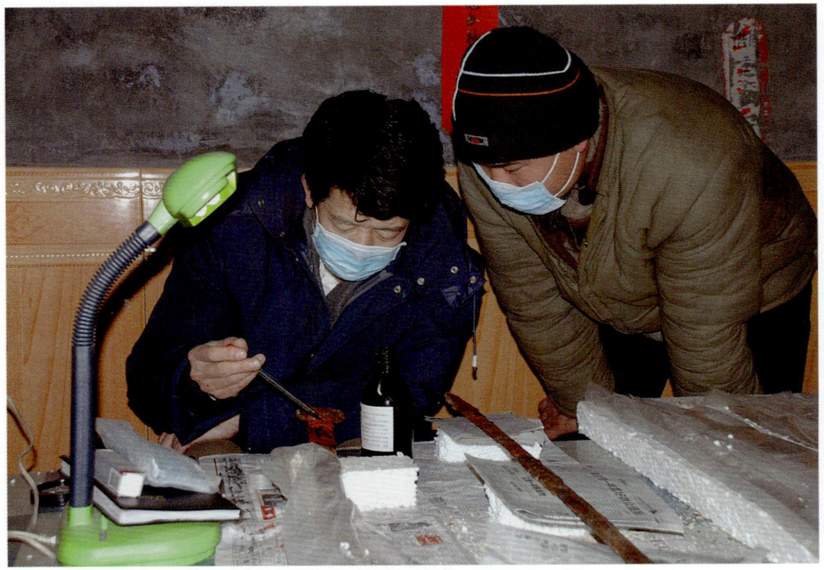

3. 金属器清理和保护

4. 人骨鉴定现场

发掘期间的初步整理

1. BM1绘图现场（南→北）

2. AM40墓上供台绘图现场（南→北）

3. 参与发掘的干部和技师

4. 参与发掘的部分人员

发掘现场

1. 中国社会科学院考古研究所领导考察工地

2. 中国社会科学院考古研究所领导考察工地

3. 中国社会科学院考古研究所夏商周研究室同仁考察工地（东南→西北）

4. 中国文物学会青铜专业委员会学者考察工地

考察发掘现场

1. 中国社会科学院研究生院考古系上海教学部学员考察工地

2. 河南省文物局专家组查验发掘工地塌方现场

3. 河南省文物局专家组检查发掘领队总记录

4. 河南省文物局专家组检查验收发掘图文资料

考察发掘现场及验收发掘资料

1. 发掘情况（南→北）

2. CF1（南→北）

3. 局部

4. 局部

CF1

1. 砖砌排水设施（北→南）

2. 砖砌排水设施（南→北）

3. CH5发掘现场（北→南）

4. CH5局部

5. CH5（北→南）

砖砌排水设施和CH5

1. AY1、AJ1（南→北）

2. AY1（西→东）

AY1、AJ1

1. 火道口

2. 火膛

3. 窑床

4. 窑床上存砖

AY1

1. AM50（上为西）

2. 墓道壁脚窝

3. 封门砖

AM50

1. 右耳室

2. 左耳室

3. 出土陶器

AM50

图版一八

1. BM12（东→西）

2. 墓室

BM12

1. 封门情况

2. 出土陶器

BM12

图版二〇

1. BM30（南→北）

2. 左耳室

3. 右耳室

4. 出土陶器

BM30

1. BM43（西→东）

2. 出土陶器

BM43

图版二二

1. BM48（南→北）

2. 墓室

3. 出土陶器

BM48

1. BM49（南→北）

2. 棺2下层白灰

3. 出土陶器

BM49

图版二四

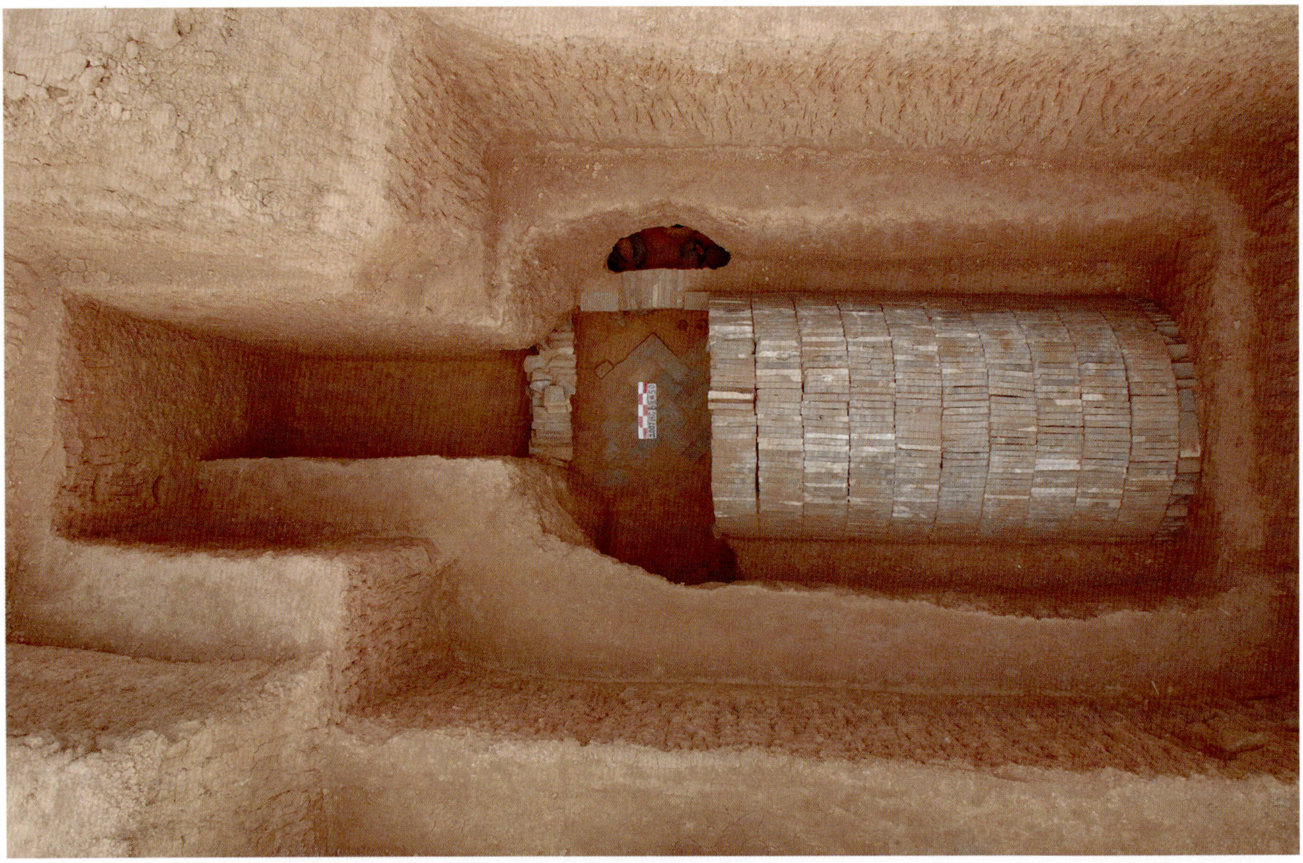

1. BM50（西→东）

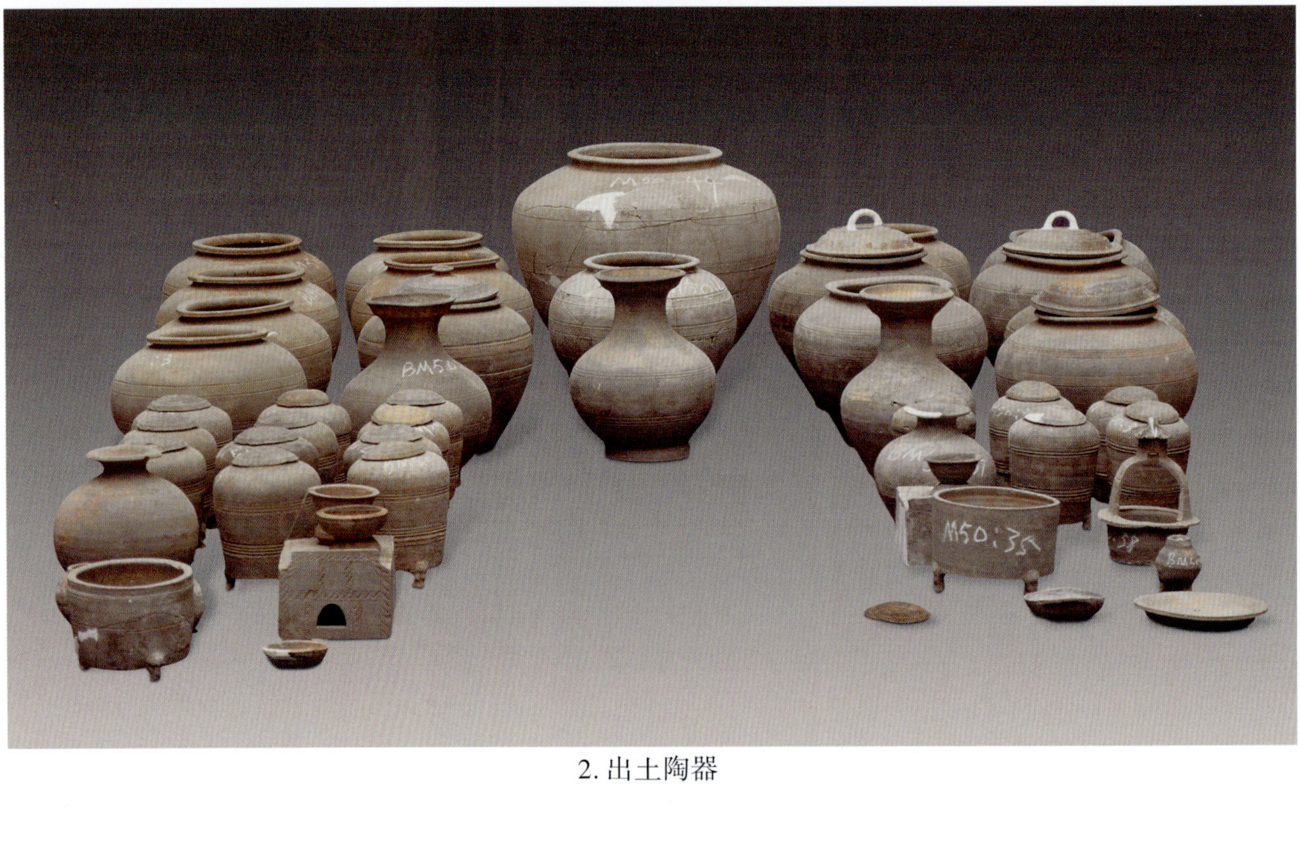

2. 出土陶器

BM50

1. 后室

2. 右耳室

3. 左耳室

BM50

图版二六

1. AM48（上为南）

2. 出土陶器

AM48

图版二七

1. 墓道壁脚窝

2. 左耳室

3. 右耳室

AM48

图版二八

1. AM51（西北→东南）

2. 右耳室

3. 人骨及随身兵器

4. 左耳室

AM51

1. 墓道壁脚窝

2. 陶仓内植物

3. 出土陶器

AM51

图版三〇

1. AM55（南→北）

2. AM55（北→南）

3. 出土陶器

AM55

1. AM69（南→北）

2. 墓室

3. 出土陶器

AM69

图版三二

1. AM79（南→北）

2. 出土陶器

AM79

1. 前厅及耳室

2. 后室

AM79

图版三四

1. BM36（北→南）

2. 出土陶器

3. 墓室1（北→南）

4. 墓室2（北→南）

1. BM42（东→西）

2. BM47（南→北）

BM42、BM47

图版三六

1. 墓道壁脚窝

2. 墓室

3. 出土陶器

BM47

1. BM54（南→北）

2. 墓室

3. 出土陶器

BM54

图版三八

1. BM77（北→南）

2. 左耳室

3. 右耳室

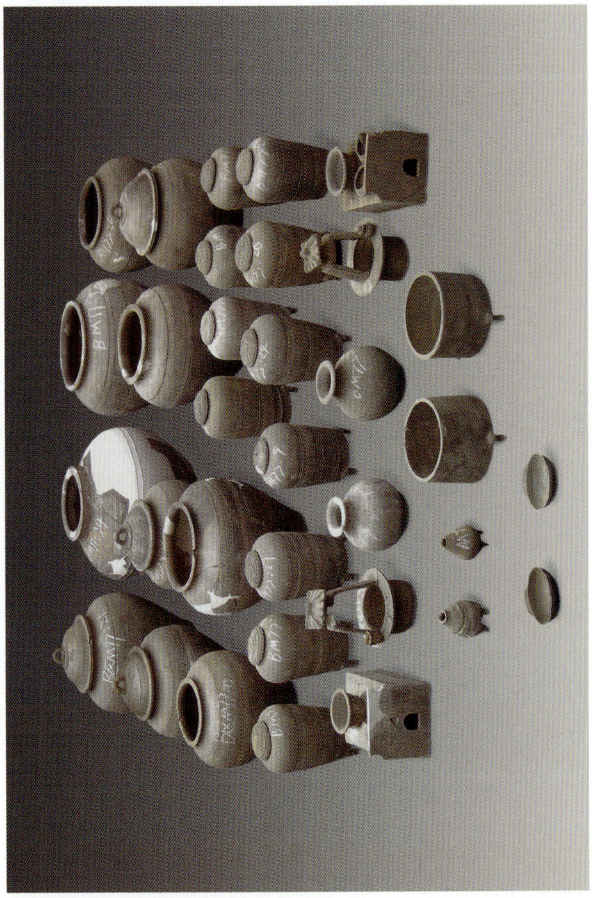

4. 出土陶器

BM77

1. BM20（南→北）

2. 耳室

3. 墓道填土内石块

4. 出土陶器

BM20

图版四〇

1. BM39（北→南）

2. BM40（西→东）

3. BM40出土陶器

BM39、BM40

1. BM45（南→北）

2. 墓道壁脚窝

3. 出土陶器

BM45

图版四二

1. BM46（南→北）

2. 墓室

3. 出土陶器

BM46

1. BM51（南→北）

2. BM52（南→北）

3. BM52出土陶器

BM51、BM52

图版四四

1. BM53（南→北）

2. 墓道壁脚窝

3. 右耳室

4. 出土陶器

BM53

1. BM60（南→北）

2. 封门砖

3. 彩绘陶罐出土情况

BM60

图版四六

1. 墓室

2. 出土陶器

BM60

1. BM67（南→北）

2. 出土陶器

3. 墓室

BM67

1. BM69（西→东）

2. 右耳室

3. 出土陶器

BM69

1. BM75（西→东）

2. 右耳室

3. 出土陶器

BM75

图版五〇

1. AM43（南→北）

2. 后室

3. 出土陶器

AM43

1. BM3（南→北）

2. 出土陶器

BM3

1. 墓室

2. 墓室底部结构

BM3

1. 右耳室

2. 左耳室

3. 棺2墓主人及遗物出土情况

4. 厅室遗物出土遗物

1. 厅室遗物出土情况

2. 厅室遗物出土情况

3. 厅室涂朱陶案出土情况

4. 墓室彩绘陶罐出土情况

BM3

1. BM14开口情况

2. BM14（南→北）

3. 棺1墓主人及铜镜出土情况

4. 棺2墓主人及铁刀出土情况

5. 耳室彩绘陶罐出土情况

BM14

图版五六

1. 墓室

2. 出土陶器

BM14

1. BM25（南→北）

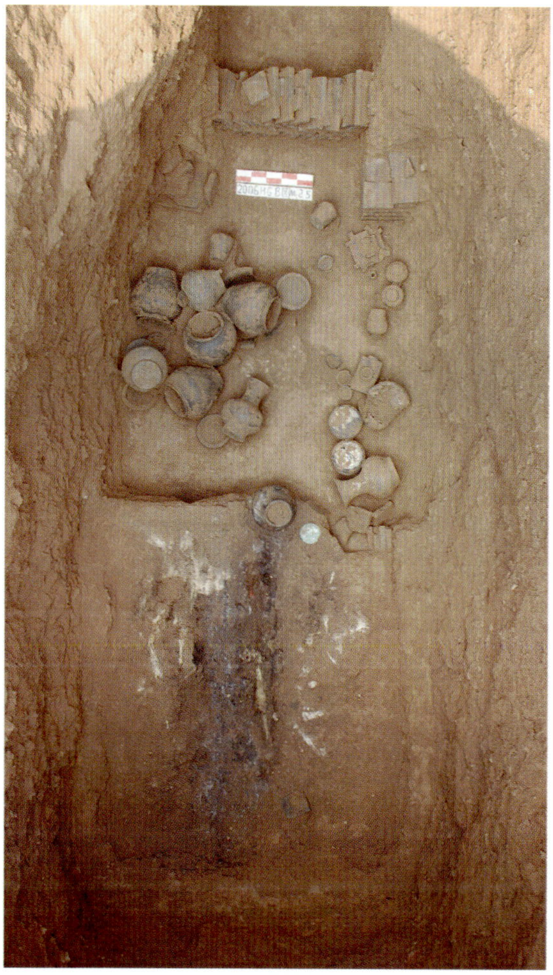

2. 墓室

3. 出土陶器

BM25

图版五八

1. 竖井壁脚窝

2. 厅室遗物出土情况

3. 厅室遗物出土情况

4. 封门砖、竖井及墓道

5. 朱书陶罐出土情况

6. 厅室彩绘陶壶出土情况

BM25

1. BM27（南→北）

2. 出土陶器

BM27

图版六〇

1. BM28（南→北）

2. 墓室

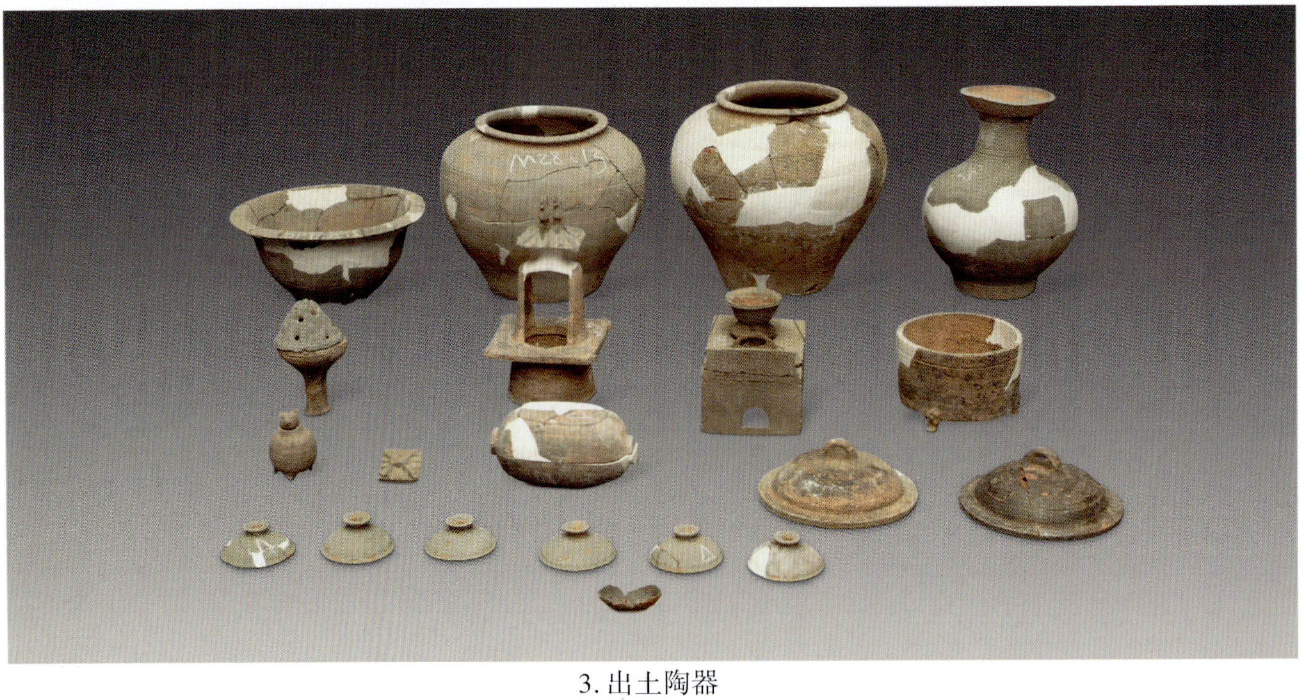

3. 出土陶器

BM28

1. 封门砖及墓道

2. 封门砖及墓室

3. 耳室前部

4. 耳室后部及遗物出土情况

5. 后室

6. 铜镜下织物痕迹

BM28

1. BM74（南→北）

2. 出土陶器

BM74

图版六三

1. 墓室

2. 侧室

3. 耳室

BM74

图版六四

1. AM56（南→北）

2. 墓室

3. 出土陶器

AM56

1. AM76（南→北）

2. 出土陶器

AM76

图版六六

1. 墓室

2. 耳室

3. 墨书陶罐出土情况

AM76

1. BM11（西→东）

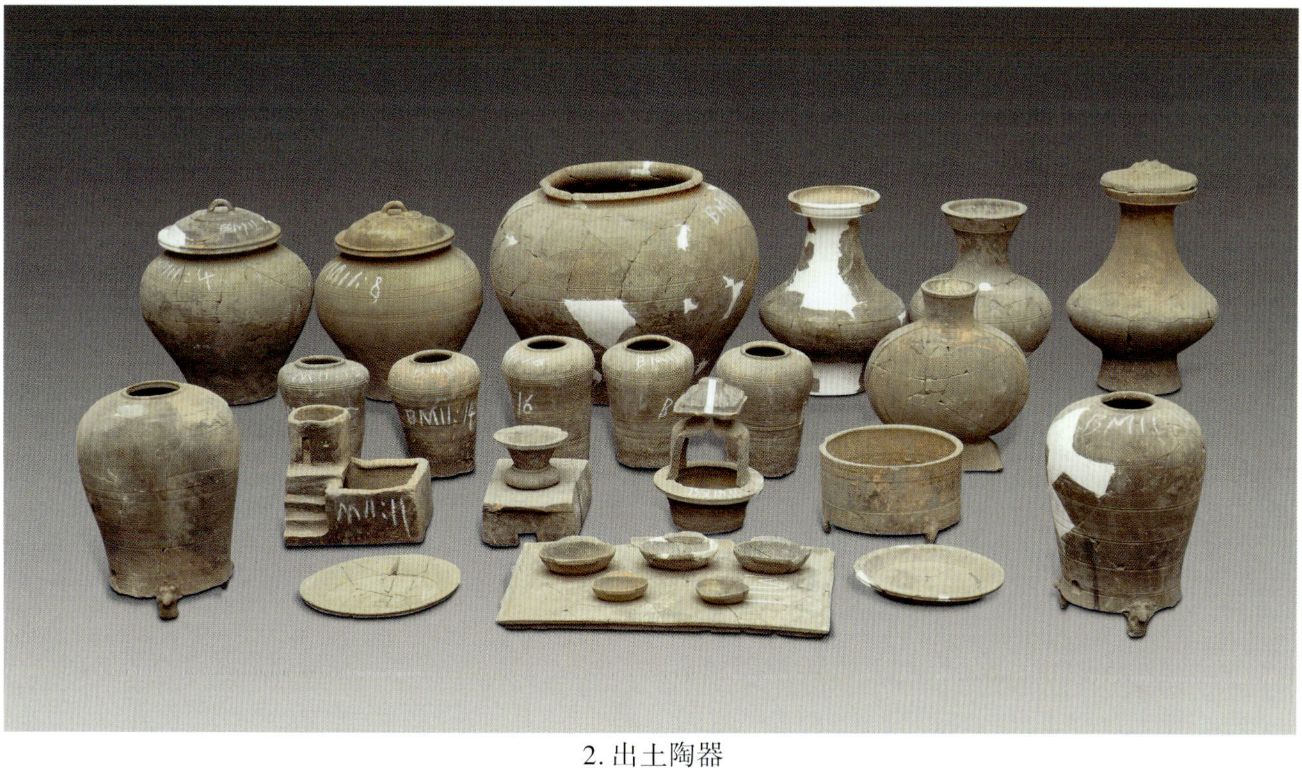

2. 出土陶器

BM11

图版六八

1. 墓室

2. 封门砖

3. 棺室

BM11

1. BM13（南→北）

2. 出土陶器

BM13

1. 墓道及封门砖

2. 墓室

3. 左耳室

4. 右耳室

BM13

1. BM56（南→北）

2. 墓室

3. 出土陶器

BM56

图版七二

1. BM71（南→北）

2. 出土陶器

BM71

1. 墓道壁脚窝

2. 封门砖

3. 墓室

BM71

图版七四

1. BM73（南→北）

2. 墓道及甬道

3. 出土陶器

BM73

1. CM19（北→南）

2. 出土陶器

CM19

图版七六

1. 墓室

2. 封门砖

3. 墓主人及棺内遗物

CM19

1. AM22（东→西）

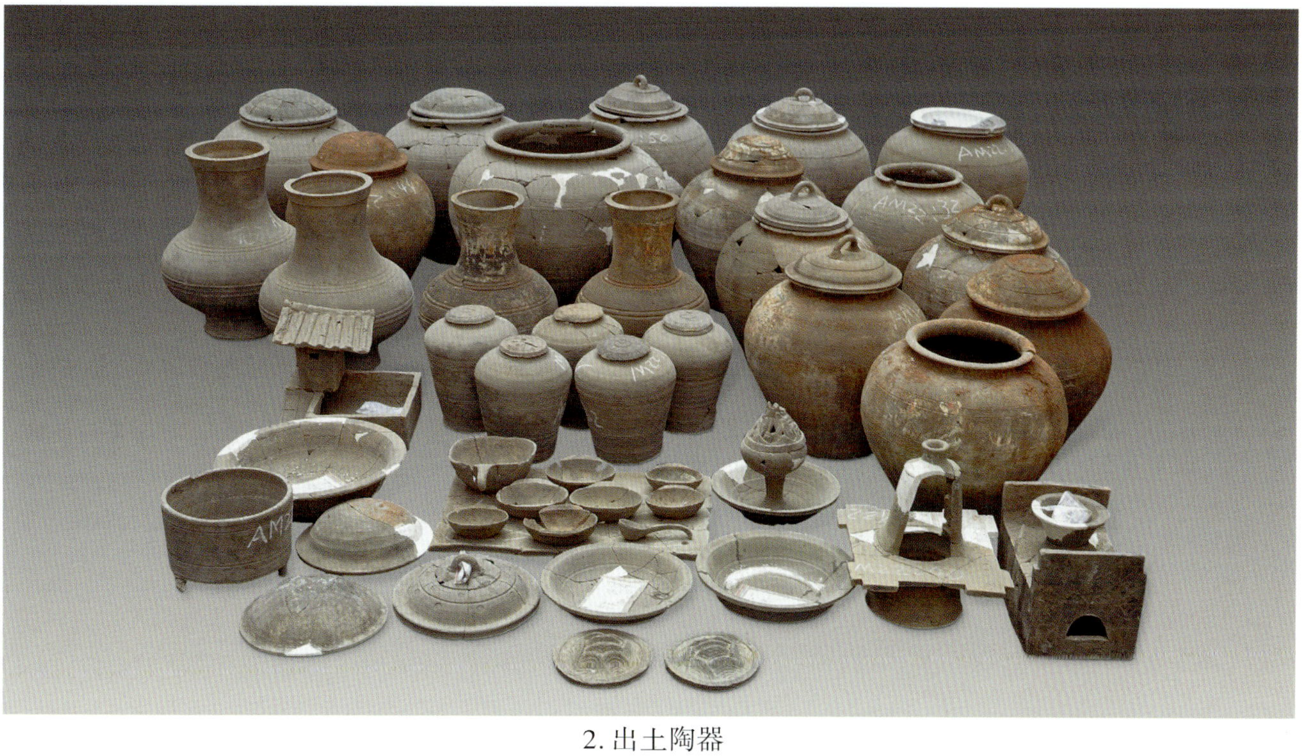

2. 出土陶器

AM22

1. 墓室

2. 后室

AM22

1. BM41墓葬开口情况

2. BM41（东→西）

3. BM55（南→北）

4. BM55出土陶器

BM41、BM55

图版八〇

1. AM29（南→北）

2. 右耳室

3. 出土陶器

4. 前厅与左耳室

AM29

1. AM62（西→东）

2. 出土陶器

AM62

图版八二

1. AM62（西→东）

2. 墓室上部陶瓮出土情况

3. 棺1墓主人及遗物出土情况

1. 墓室

2. 封门砖、券门及耳室

3. 右耳室

AM62

1. AM63（北→南）

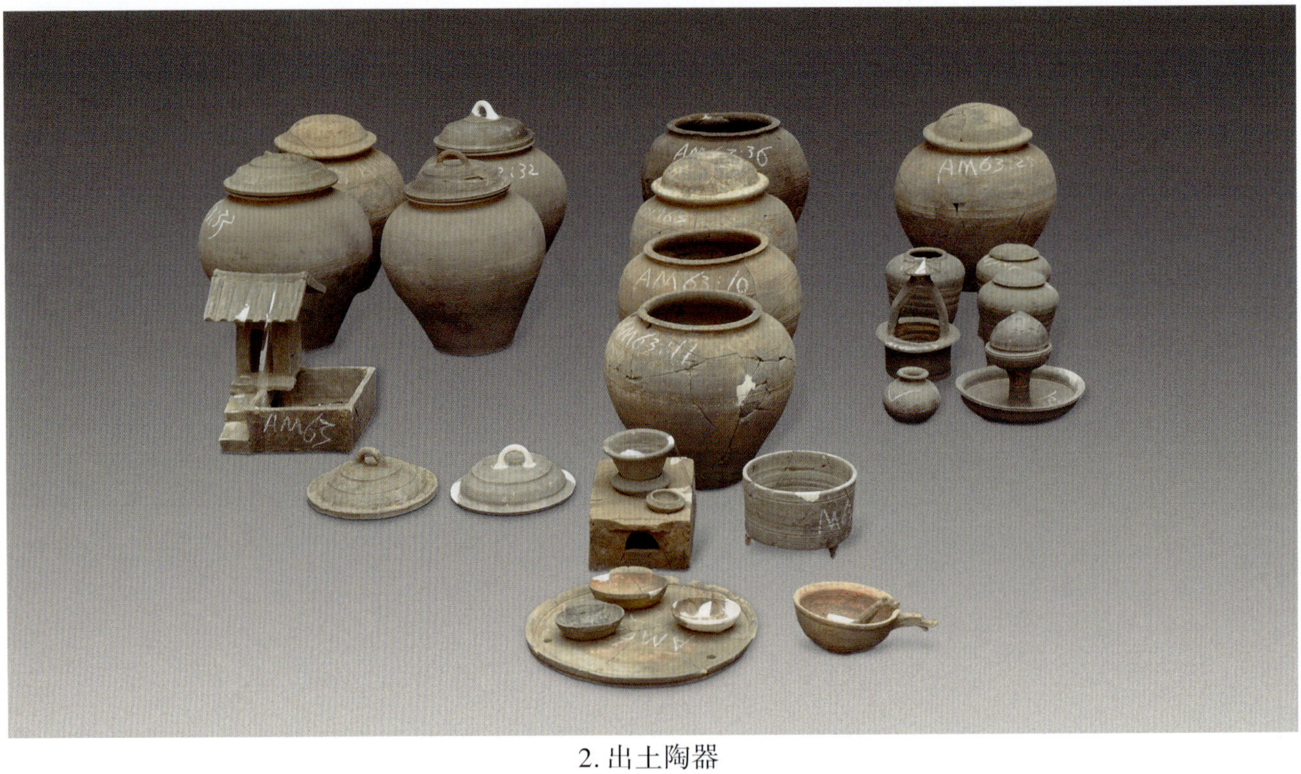

2. 出土陶器

AM63

1. 墓室

2. 木门痕及封门砖

3. 左耳室

AM63

1. AM75（东→西）

2. 出土陶器

AM75

1. 墓室

2. 左耳室

3. 右耳室

4. 棺1铁刀出土情况

5. 棺1铁刀柄细部

AM75

1. BM29（南→北）

2. 墓室

1. 后室

2. 耳室

3. 棺1墓主人口琀出土情况

4. 棺2墓主人玛瑙耳饰出土情况

5. 出土陶器

BM29

图版九〇

1. CM1（北→南）

2. 墓主人及铁剑出土情况

3. 右耳室

4. 出土陶器

CM1

1. AM38（南→北）

2. 墓室

AM38

图版九二

1. 木门痕及券门

2. 封门砖

3. 出土陶器

AM38

1. AM40（南→北）

2. 封门砖及木门痕

AM40

图版九四

1. 墓室

2. 坟丘上部堆砖

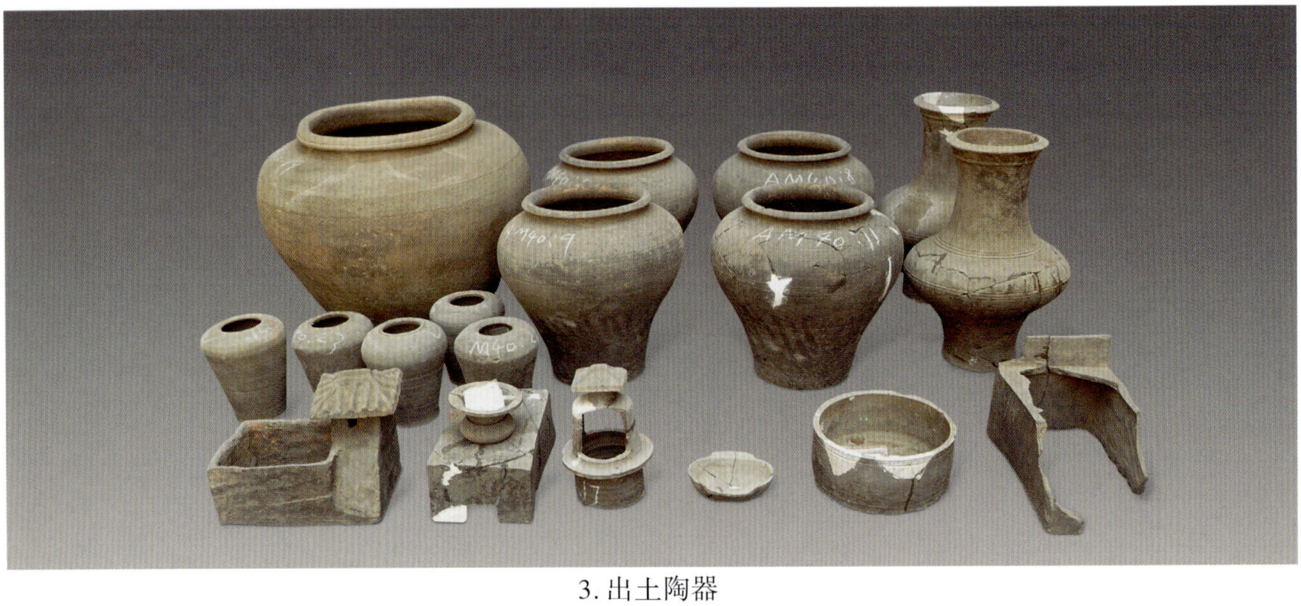

3. 出土陶器

AM40

1. AM53（南→北）

2. 出土陶器

AM53

图版九六

1. AM68（南→北）

2. 墓室

3. 出土陶器

AM68

1. BM37（南→北）

2. 封门砖和墓道

3. 墓室

BM37

1. BM57（南→北）

2. 甬道和墓道

3. 出土陶器

图版九九

1. BM58（南→北）

2. 封门

3. 右耳室

4. 出土陶器

BM58

图版一〇〇

1. BM59（北→南）

2. 厅室遗物出土情况

BM59

1. 墓室

2. 出土陶器

BM59

图版一〇二

1. BM65（西→东）

2. 左耳室遗物出土情况

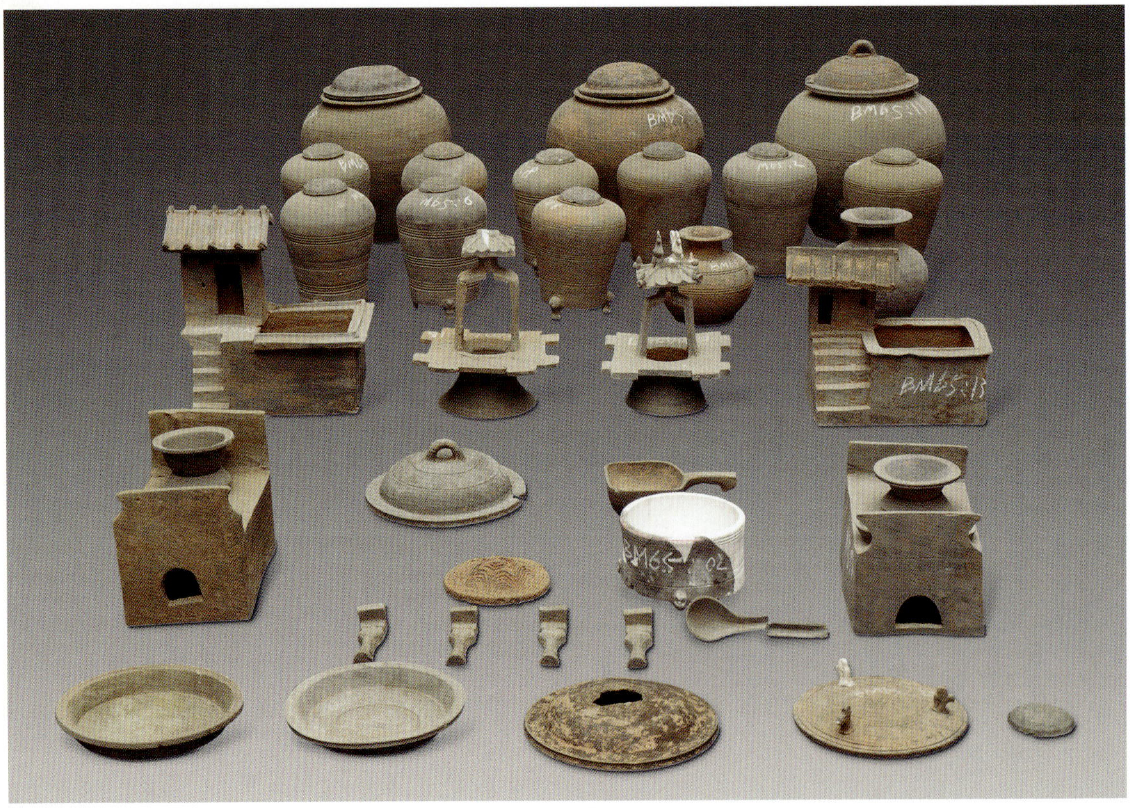

3. 出土陶器

BM65

1. BM68（北→南）

2. 后室遗物出土情况

3. 耳室

BM68

1. 墓室

2. 出土陶器

BM68

1. BM70（南→北）

2. 墓室

3. 出土陶器

BM70

1. AM70（西→东）

2. 封门砖

3. 耳室

AM70

1. 墓室

2. 出土陶器

AM70

图版一〇八

1. AM71（南→北）

2. 厅室遗物及封门砖

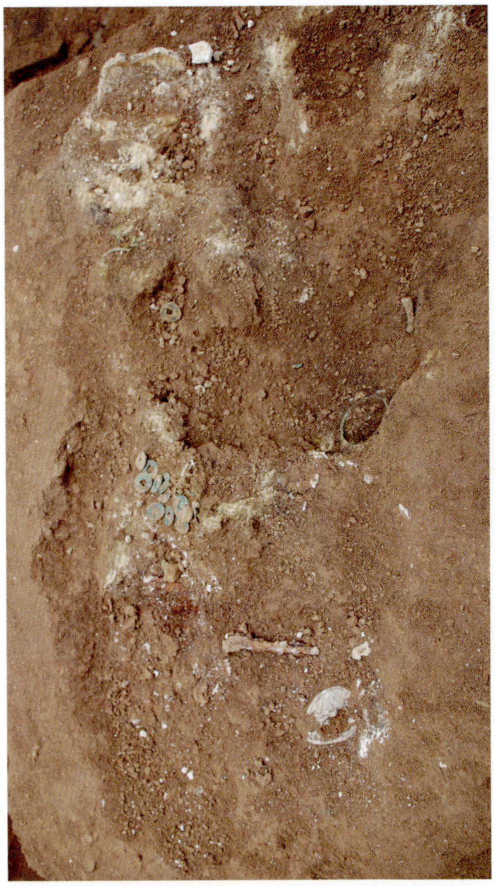

3. 棺1遗物出土情况

AM71

1. 墓室

2. 出土陶器

AM71

1. BM1（南→北）

2. 封门砖

3. 出土陶器

BM1

1. 墓室

2. 棺1和棺2

3. 棺3

BM1

1. BM76（西→东）

2. 墓室

BM76

1. 后室

2. 铜镜和粉块出土情况

3. 出土陶器

BM76

图版一一四

1. BM26（北→南）

2. 墓室

3. 出土陶器

BM26

1. AM32（南→北）

2. 墓葬开口情况

AM32

1. 墓道和封门砖

2. 墓室

3. 出土陶器

AM32

1. AM36（南→北）

2. 墓室

AM36

图版一一八

1. 右耳室

2. 左耳室

3. 出土陶器

AM36

1. AM39（南→北）

2. 木门痕

3. 后室

AM39

1. 墓室

2. 出土陶器

AM39

1. AM42（西→东）

2. 出土陶器

3. 墓室

4. 棺室

AM42

1. AM44（西→东）

2. 墓室及棺1

3. 墓室及棺2

4. 出土陶器

AM44

1. AM47（南→北）

2. 墓室及棺

3. 棺室

4. 出土陶器

AM47

1. 封门砖

2. 铁刀出土情况

3. 墓室

AM47

1. AM57（西→东）

2. 盗洞及厅室遗物出土情况

3. 后室

4. 出土陶器

AM57

图版一二六

1. AM59（南→北）

2. AM59（南→北）

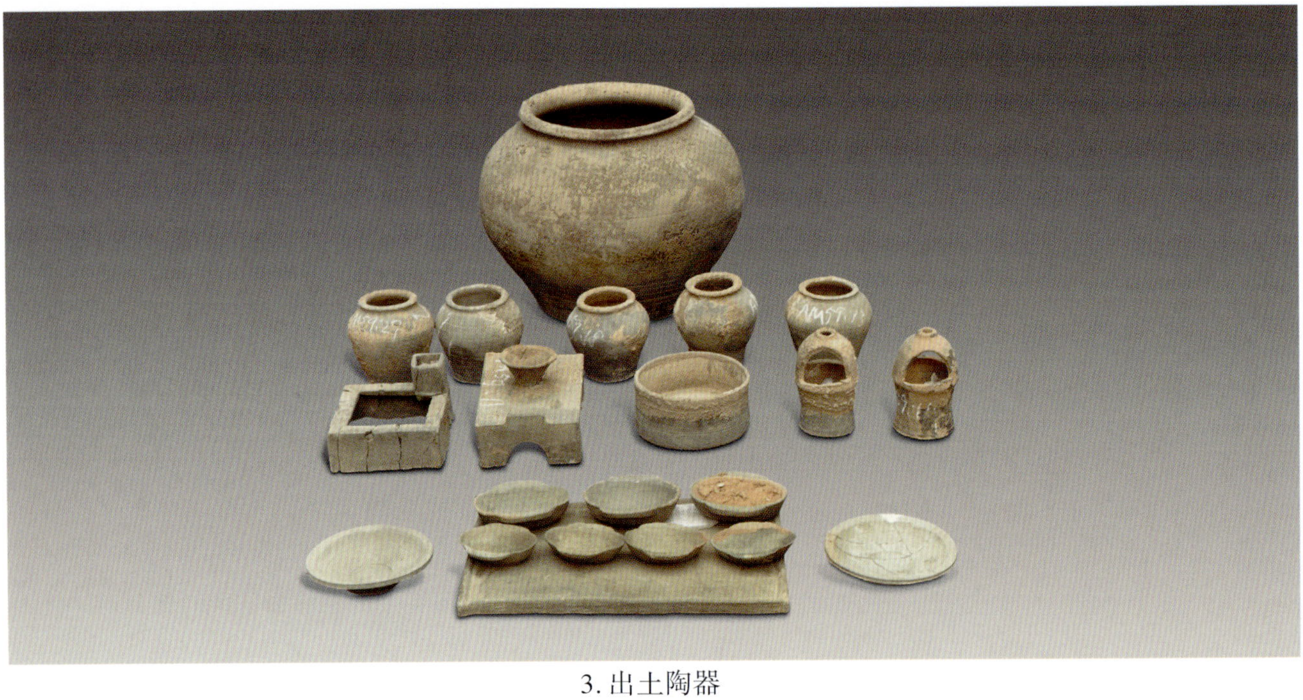

3. 出土陶器

AM59

1. 墓道及封门砖

2. 墓室顶部砖券

3. 厅室

4. 墓室

AM59

图版一二八

1. AM78（北→南）

2. 墓室

3. 出土陶器

AM78

1. BM5（北→南）

2. 墓道上部及坟丘上砖砌供台

3. 塌落坟丘层位及砖砌供台

4. 墓道及封门砖

BM5

1. 墓道及甬道

2. 供器和供品

3. 侧室

4. 墓壁铁钉

BM5

1. 厅室

2. 棺1

BM5

图版一三二

1. 后室

2. 铜镜和粉块出土情况

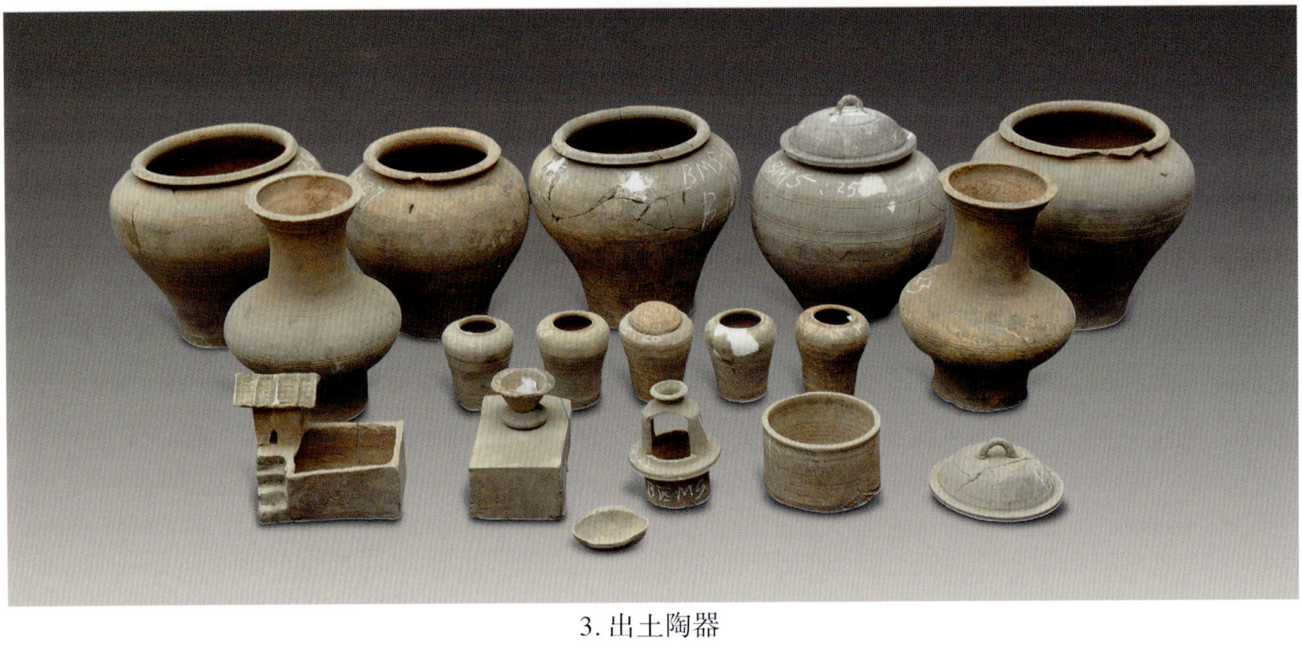

3. 出土陶器

BM5

1. BM7（西→东）

2. 墓室

3. 侧室

4. 出土陶器

BM7

1. BM8（南→北）

2. 封门砖

3. 遗物出土情况

4. 墓室

1. 耳室

2. 遗物出土情况

3. 墓主人随身器物出土情况

4. 厅室遗物出土情况

5. 出土陶器

BM8

图版一三六

1. BM31（北→南）

2. 墓室

3. 墓道进棺槽和封门砖

BM31

1. 墓道

2. 后室

3. 出土陶器

BM31

图版一三八

1. BM35（东→西）

2. 木门痕

3. 棺室

BM35

1. 墓室

2. 出土陶器

BM35

1. BM62（西→东）

2. 侧室

3. 出土陶器

1. 墓室

2. 棺室

3. 厅室遗物出土情况

BM62

1. BM63（北→南）

2. 墓室

3. 出土陶器

1. BM72（南→北）

2. 墓室

BM72

图版一四四

1. 墓道及封门砖

2. 券门及封门（内侧）

3. 出土陶器

BM72

1. AM5（南→北）

2. 出土陶器

AM5

图版一四六

1. AM6（南→北）

2. 墓室

3. 出土陶器

4. 棺室

AM6

1. AM8（南→北）

2. 墓室

3. 出土陶器

AM8

图版一四八

1. AM10（西→东）

2. 墓室

3. 出土陶器

AM10

1. AM11（西→东）

2. 墓室

3. 出土陶器

AM11

1. AM17（西→东）

2. 墓室

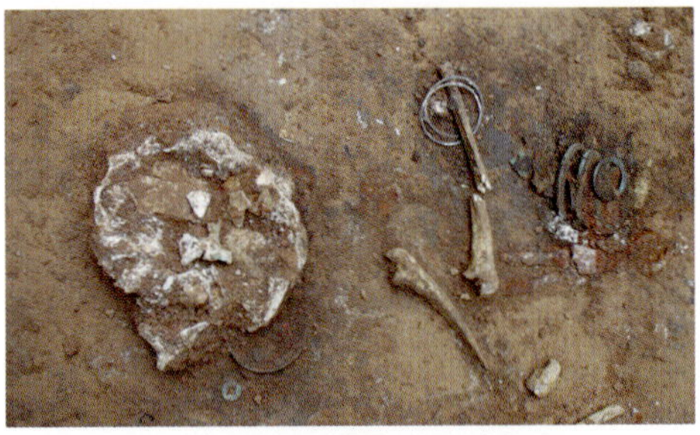

3. 人骨及遗物出土情况

4. 出土陶器

AM17

1. AM25（南→北）

2. 墓道与封门

3. 墓室

4. 出土陶器

AM25

1. AM33（南→北）

2. 封门与墓道

3. 出土陶器

4. 墓室

AM33

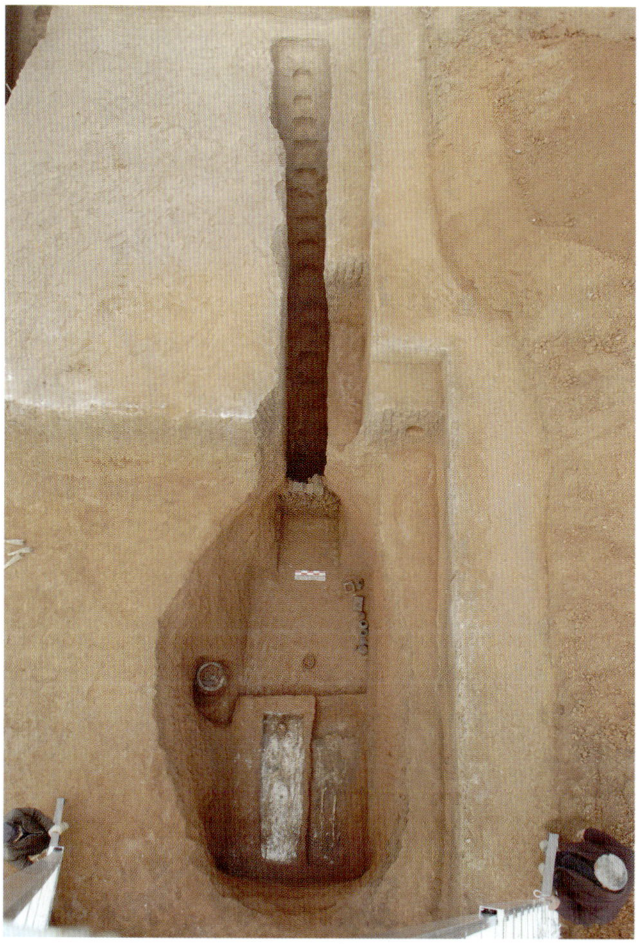

1. AM34（南→北）

2. 墓室

3. 出土陶器

AM34

1. AM41（北→南）

2. 墓道及封门砖

3. 券门及封门砖（内侧）

AM41

1. 墓室

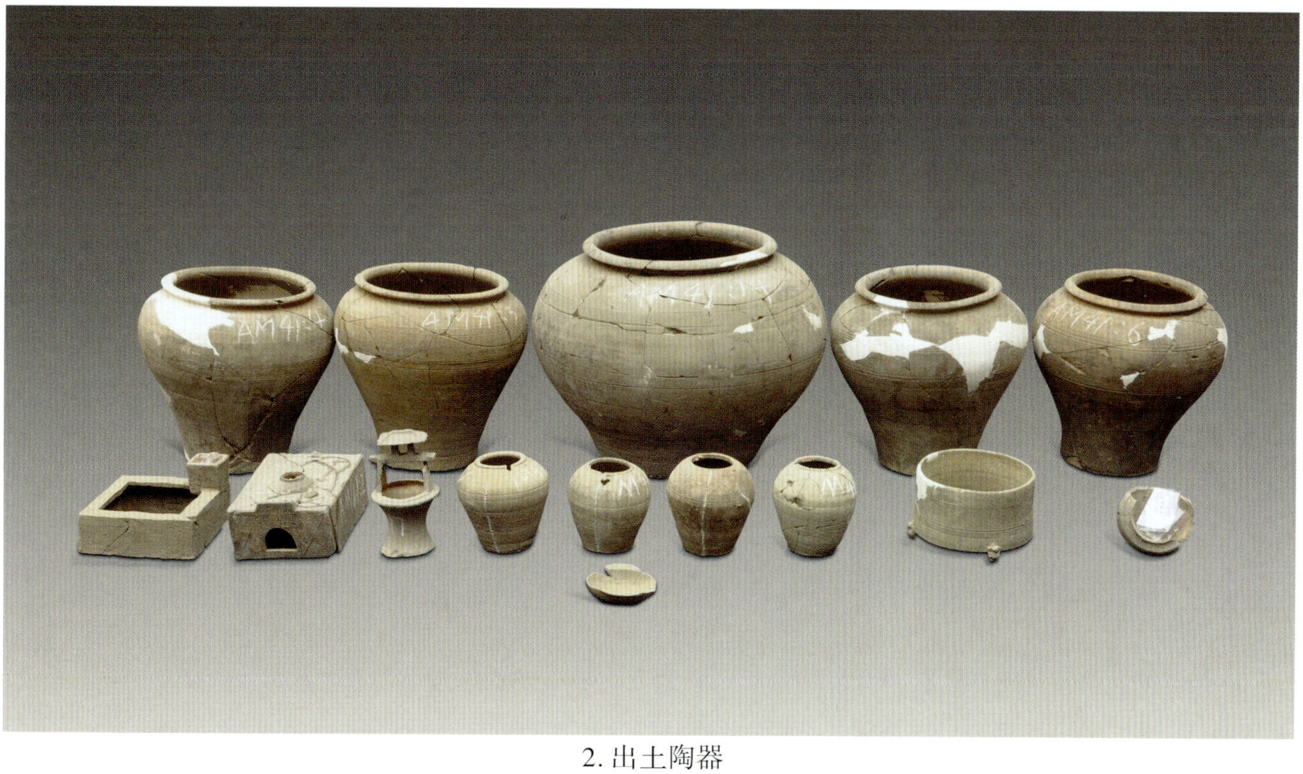

2. 出土陶器

AM41

图版一五六

1. AM46（南→北）

2. 棺室

3. 铜镜出土情况

4. 出土陶器

AM46

1. 墓室（南→北）

2. 封门砖

3. 铜镜上纺织品痕迹

AM46

图版一五八

1. 木门板痕迹

2. 遗物出土情况

3. 遗物出土情况

AM46

1. AM74（南→北）

2. 右墓室

3. 左墓室

4. 出土陶器

AM74

图版一六〇

1. AM67（上为北）

2. BM23（上为西）

3. BM23墓道

4. BM23侧室

AM67、BM23

1. 墓室

2. 后室

3. 出土陶器

BM23

图版一六二

1. BM64（上为西）

2. 墓道及封门砖

3. 券门及木门印痕

BM64

1. 墓室

2. 后室

3. 后室结构

4. 出土陶器

BM64

1. 墓室（北→南）

2. 出土陶器

BM15

1. AM30（上为北）

2. 墓葬开口情况

3. 右耳室

4. 墓道

5. 出土陶器

AM30

图版一六六

1. AM4（南→北）

2. 前厅及墓道

3. 前厅右侧

4. 出土陶器

AM4

1. AM28（南→北）

2. 墓室

3. 出土陶器

AM28

1. AM54（西→东）

2. 墓室

3. 出土陶器

AM54

1. 墓室（北→南）

2. 棺2

3. 出土陶器

AM58

1. BM6（上为北）

2. 后室

3. 出土陶器

BM6

1. BM17（上为南）

2. 封门砖及墓道

3. 出土陶器

BM17

图版一七二

1. BM24（上为东）

2. 墓室

3. 棺室

4. 出土陶器

BM24

1. 墓道

3. 后室及厅室遗物出土情况

2. 木门痕迹及封门砖

4. 耳室遗物出土情况

BM24

1. CM21（北→南）

2. 墓室

3. 出土陶器

1. AM1（上为北）

2. 出土陶器

3. 墓室

AM1

1. AM2（上为北）

2. 墓室

3. 出土陶器

AM2

1. AM7（上为北）

2. 墓室

3. 出土陶器

图版一七八

1. AM9（上为东）

3. 墓室

2. 封门砖

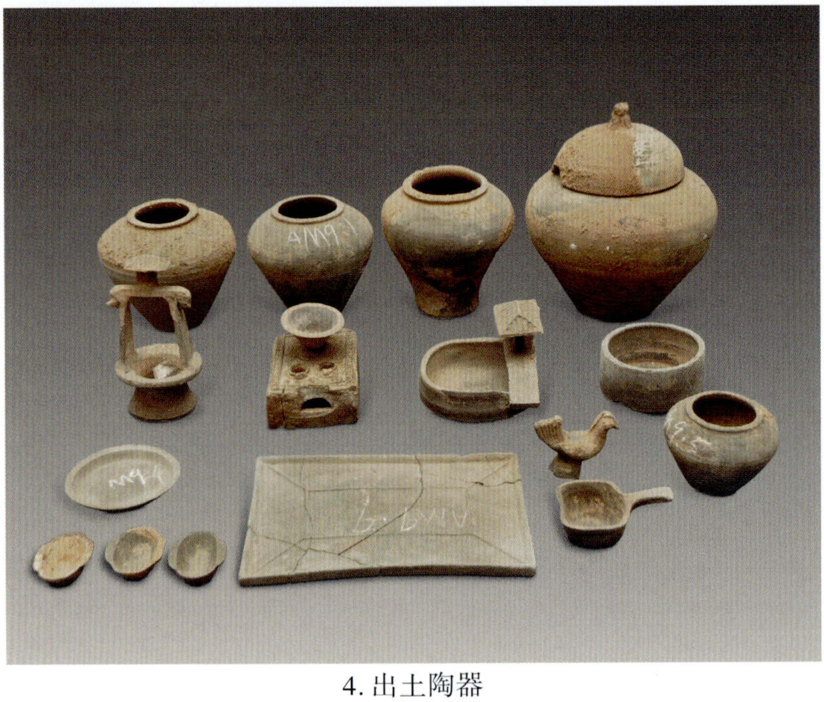

4. 出土陶器

AM9

1. AM18（上为东）

2. 前厅与耳室

3. 棺室

AM18

图版一八〇

1. 墓室

2. 出土陶器

AM18

1. AM19（上为西）

2. 墓室

3. 棺1内壁白灰

4. 出土陶器

AM19

1. AM26（西→东）

2. 墓室

3. 出土陶器

1. AM31（上为北）

2. 石门

3. 出土陶器

AM31

图版一八四

1. AM31墓室

2. AM31封门砖

3. AM35（东→西）

4. AM35出土陶器

AM31、AM35

1. BM21（东→西）

2. 后室

3. 前厅左侧

BM21

1. 墓室

2. 厅室动物骨架及遗物出土情况

3. 后室局部

4. 出土陶器

BM21

1. BM22（东→西）

2. 墓室

3. 出土陶器

BM22

图版一八八

1. BM38（上为北）

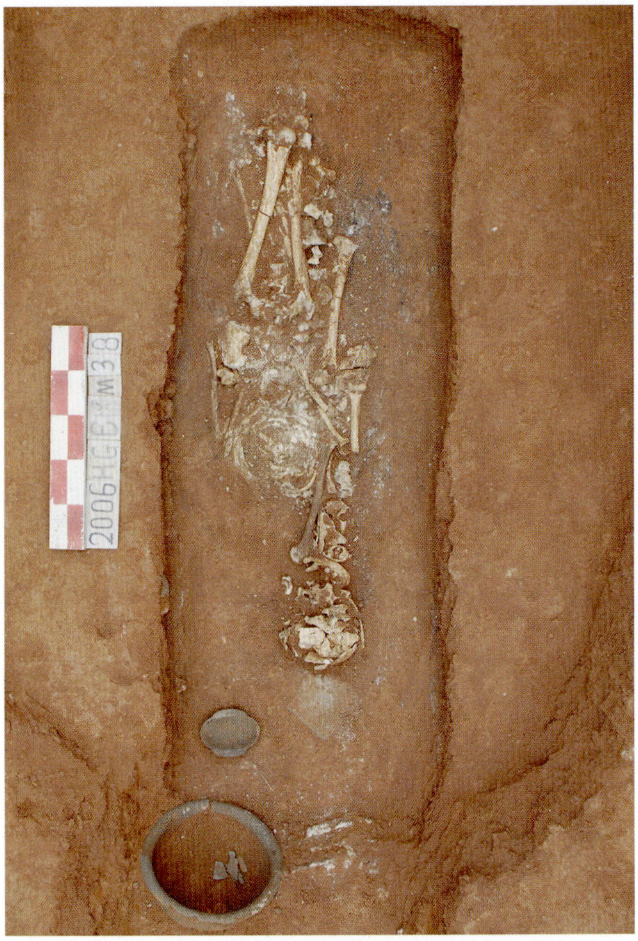

2. 棺室

3. 出土陶器

BM38

1. CM2（西→东）

2. 侧室棺3

3. 耳室

CM2

1. 墓室

2. 后室

3. 出土陶器

CM2

1. CM3（南→北）

2. 两道券门

3. 墓上砖砌供台

CM3

1. 墓室

2. 出土陶器

CM3

1. 后室

2. 厅室右侧遗物出土情况

3. 厅室棺3及遗物出土情况

4. 棺3前部遗物出土情况

CM3

图版一九四

1. CM4（西→东）

2. 墓葬开口情况（东→西）

3. 墓室

1. 后室

2. 耳室及厅室

3. 出土陶器

CM4

图版一九六

1. CM5（上为北）

2. 墓室

3. 出土陶器

CM5

1. CM6（北→南）

2. 墓室

3. 出土陶器

CM6

1. CM12（南→北）

2. 墓室

3. 出土陶器

CM12

1. CM20（上为南）

2. 封门砖

3. 出土陶器

4. 厅室和耳室遗物出土情况

CM20

图版二〇〇

1. AM3（南→北）

2. 墓道及封门砖

3. 棺室

AM3

1. 墓室

2. 出土陶器

AM3

1. AM37（南→北）

2. 墓室

3. 出土陶器

AM37

1. BM16（南→北）

2. 出土陶器

BM16

1. AM20（南→北）

2. 墓道

3. 出土陶器

AM20

1. AM23（南→北）

2. 封门砖

3. 出土陶器

AM23

1. 墓室

2. 耳室

3. 棺1铜钱出土情况

4. 后室

5. 棺2铜镜出土情况

AM23

1. AM73（上为北）

2. 墓道及封门

3. 出土陶器

AM73

图版二〇八

1. 左耳室

2. 右耳室

3. 坟丘剖面

AM73

1.AM61（南→北）

2.墓室

AM61

1. 墓道及铜钱

2. 墓道壁脚窝

3. 出土陶器

AM61

图版二一一

1. AM72（上为北）

2. 墓室

3. 耳室

4. 陶舟形盒及耳杯出土情况

AM72

图版二一二

1. 棺室

2. 出土陶器

AM72

1. AM60（上为北）

2. 出土陶器

AM60

图版二一四

1. 双墓道情况

2. 右耳室

3. 左耳室

AM60

1. BM44（上为北）

3. AM27（上为北）

2. BM44出土陶器

4. AM27出土陶器

BM44、AM27

1. AM21（上为北）

2. 封门砖和木门

3. 木门侧壁痕迹

4. 出土陶器

AM21

1.厅室左侧

2.厅室右侧和耳室

3.后室

AM21

图版二一八

1. AM24（上为北）

2. 出土陶器

AM24

1. 墓室

2. 后室

3. 耳室

AM24

1. AM45（上为南）

3. 墓室

2. 墓道及封门砖

4. 棺1遗物出土情况

1. 后室

2. 棺1铜镜下纺织品出土情况

3. 棺1铜镜出土情况

4. 棺2铜带钩出土情况

5. 出土陶器

AM45

图版二二二

1. BM9（上为北）

2. 出土陶器

BM9

1. 墓室

2. 侧室

3. 耳室

BM9

1. 墓葬开口情况

2. 封门砖、甬道及券顶

3. 双券门及券顶

4. 前厅砖券方式

5. 后室

6. 左耳室

BM61

1. BM61（西→东）

2. 墓室俯视

3. 出土遗物

BM61

图版二二六

1. 墓室券顶（北→南）

2. 墓室（北→南）

BM2

1. AⅠ式鼎（AM48：28）

2. AⅡ式鼎（AM72：19）

3. AⅢ式鼎（BM29：39）

4. B型鼎（BM75：4）

5. C型鼎（AM17：25）

6. A型壶（AM46：34）

汉墓出土陶鼎和陶壶

1. BⅠ式（BM61：3）

2. BⅠ式壶盖钮（BM61：3）

3. BⅡ式（AM8：3）

4. BⅢ式（BM7：3）

5. BⅣ式（BM76：10）

6. BⅤ式（AM76：8）

汉墓出土陶壶

1. CⅠ式（AM21：1）

2. CⅡ式（BM57：1）

3. CⅢ式（BM71：10）

4. DⅠ式（AM72：10）

5. DⅡ式（BM15：25）

6. DⅢ式（AM56：1）

汉墓出土陶壶

图版二三〇

1. DⅣ式（BM75：32）

2. DⅤ式（BM58：9）

3. EⅠ式（AM55：4）

4. EⅡ式（BM20：10）

5. F型（BM11：6）

6. H型（AM31：26）

汉墓出土陶壶

1. G型壶（BM74：10）

2. G型壶盖细部（BM74：10）

3. J型壶（BM11：20）

4. J型壶侧面（BM11：20）

5. I型壶（BM12：2）

6. AⅠ式鸮形小壶（BM69：8）

汉墓出土陶壶和鸮形小陶壶

1. AⅡ式鸮形小壶（BM75：6）

2. B型鸮形小壶（BM55：3）

3. C型鸮形小壶（AM60：7）

4. DⅠ式鸮形小壶（AM43：11）

5. DⅡ式鸮形小壶（AM74：8）

6. AⅠ式罐（AM36：9）

汉墓出土鸮形小陶壶和陶罐

1. AⅡ式（CM3：28）

2. AⅢ式（AM72：49）

3. AⅣ式（BM21：33）

4. BⅠ式（AM6：2）

5. BⅡ式（BM24：19）

6. BⅢ式（BM62：12）

汉墓出土陶罐

图版二三四

1. BⅣ式（CM3：35）

2. BⅤ式（BM22：11）

3. CⅠ式（AM10：8）

4. CⅡ式（CM4：20）

5. DⅠ式（AM71：30）

6. DⅡ式（AM50：5）

汉墓出土陶罐

1. 罐（AM51：23）

2. 罐（BM3：48）

3. 罐（AM26：12）

4. 罐（AM37：25）

5. 罐（BM70：4）

6. Ⅰ式瓮（AM61：2）

汉墓出土陶罐和陶瓮

图版二三六

1. Ⅱ式（AM60：26）

2. Ⅲ式（AM51：42）

3. Ⅳ式（AM59：10）

4. AM62：52

5. AM58：5

6. AM34：6

汉墓出土陶瓮

1. AⅠ式（BM30：2）

2. AⅡ式（BM50：16）

3. AⅢ式（AM36：28）

4. AⅣ式（BM11：9）

5. AⅤ式（BM68：20）

6. BⅠ式（BM73：3）

汉墓出土陶仓

1. BⅡ式（AM68：8）

2. BⅢ式（BM76：19）

3. BⅣ式（BM26：11）

4. CⅠ式（AM71：19）

5. CⅡ式（AM54：5）

6. CⅡ式（BM72：3）

汉墓出土陶仓

1. CⅢ式仓（AM46：42）

2. CⅣ式仓（AM71：12）

3. AⅠ式井（CM3：31）

4. AⅡ式井（AM17：17）

5. AⅢ式井（AM46：33）

6. AⅣ式井（AM34：9）

汉墓出土陶仓和陶井

1. A Ⅴ式（AM8：10）

2. B Ⅰ式（BM64：26）

3. B Ⅱ式（AM48：45）

4. B Ⅱ式（AM48：45）

5. C Ⅰ式（AM21：50）

6. D Ⅰ式（AM4：6）

汉墓出土陶井

1. CⅡ式（BM20：8）

2. CⅡ式（BM20：8）

3. CⅡ式（AM72：48）

4. CⅡ式（AM72：48）俯视

5. DⅠ式（AM23：41）

6. DⅡ式（BM13：3）

汉墓出土陶井

1. Aa型（CM20：5）

2. Ab型（AM17：19）

3. AcⅠ式（AM71：22）

4. AcⅡ式（AM2：16）

5. AcⅢ式（AM42：15）

6. AcⅣ式（CM2：8）

汉墓出土陶灶

1. AdⅠ式（AM70：15）

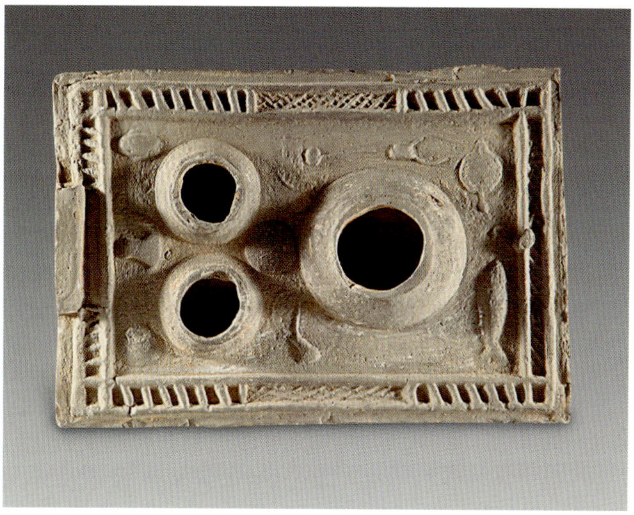

2. AdⅠ式（AM70：15）灶面

3. AdⅡ式（AM18：17）

4. AdⅡ式（AM18：17）灶面

5. AdⅢ式（AM44：6）

6. AdⅢ式（AM44：6）灶面

汉墓出土陶灶

图版二四四

1. AdⅢ式（AM71：39）

2. AdⅢ式（AM71：39）灶面

3. AdⅣ式（BM72：8）

4. BⅠ式（AM51：22）

5. BⅠ式（AM51：22）

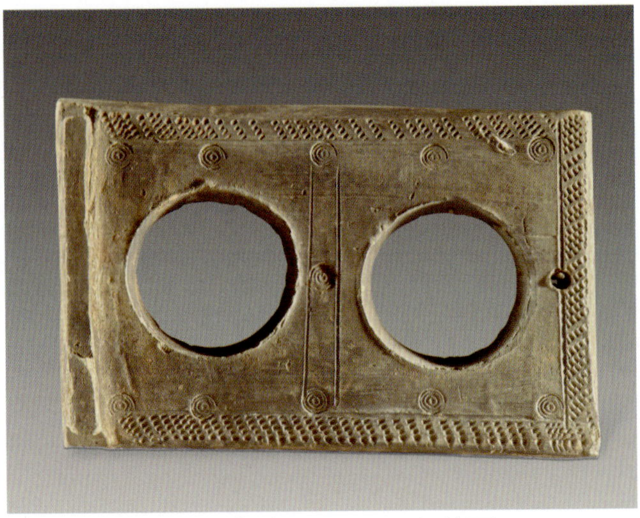

6. BⅠ式（AM51：22）灶面

汉墓出土陶灶

1. BⅡ式（AM72：13）

2. BⅡ式（AM72：13）

3. BⅢ式（AM50：2）

4. BⅢ式（AM50：2）

5. BⅣ式（AM21：51）

6. BⅣ式（AM21：51）

汉墓出土陶灶

1. CⅠ式（BM52：3）

2. CⅠ式（BM52：3）灶面

3. CⅠ式（BM52：3）

4. CⅡ式（BM59：7）

5. CⅡ式（BM59：7）

6. EⅡ式（AM68：25）

汉墓出土陶灶

1. D型（AM48：46）

4. EⅠ式（BM74：9）

2. D型（AM48：46）灶面

5. EⅠ式（BM74：9）灶面

3. D型（AM48：46）

6. EⅠ式（BM74：9）

汉墓出土陶灶

图版二四八

1. EⅢ式（BM76：12）

2. EⅢ式（BM76：12）

3. Fa型（AM58：27）

4. Fa型（AM58：27）灶面

5. FbⅠ式（AM39：18）

6. FbⅠ式（AM39：18）灶面

汉墓出土陶灶

1. FbⅡ式灶（AM76：9）

2. G型灶（BM57：3）

3. AⅠ式圈（AM31：8）

4. AⅡ式圈（AM58：3）

5. AⅢ式圈（AM47：6）

6. BⅠ式圈（AM76：18）

汉墓出土陶灶和陶圈

1. BⅡ式（AM21：52）

2. BⅡ式（AM21：52）

3. BⅢ式（BM65：12）

4. BⅢ式（BM65：12）

5. BⅣ式（AM48：44）

6. BⅣ式（AM48：44）

汉墓出土陶圈

1. BⅤ式（BM68：13）

2. BⅤ式（BM68：13）

3. C型（AM17：6）

4. DⅠ式（AM8：19）

5. DⅡ式（AM71：37）

6. DⅢ式（BM7：12）

汉墓出土陶圈

1. E型圈（AM33：4）

2. A型熏炉（AM21：21）

3. B型熏炉（AM63：21）

4. C型熏炉（BM59：5）

5. D型熏炉（BM76：18）

6. AⅠ式樽（AM48：60）

汉墓出土陶圈、陶熏炉和陶樽

1. 烤炉（AM48：61）

2. 烤炉（AM48：61）

3. AⅠ式樽（AM72：9）

4. AⅡ式樽（AM41：15）

5. AⅡ式樽（AM43：15）

6. AⅢ式樽（AM47：17）

汉墓出土陶烤炉和陶樽

1. AⅣ式樽（BM63：16）

2. B型樽（AM2：15）

3. A型盒（AM21：44）

4. B型盒（AM71：46）

5. C型盒（BM68：28）

6. C型盒（BM68：28）

汉墓出土陶樽和陶盒

1. D型（AM57：10）

2. D型（AM57：10）

3. E型（BM29：35）

4. E型（BM29：35）

5. F型（BM75：8）

6. F型（BM75：8）

汉墓出土陶盒

1. AⅠ式（BM12：1）

2. AⅡ式（BM3：28）

3. B型（AM29：12）

4. B型（AM29：12）内壁

5. C型（BM38：1）

6. Da型（BM13：4）

汉墓出土陶盆

1. Db型盆（AM24：5）

2. Db型盆（AM24：5）内壁纹饰

3. E型盆（AM6：5）

4. A型魁（AM72：11）

5. B型魁（AM19：6）

6. C型魁（AM2：13）

汉墓出土陶盆和陶魁

图版二五八

1. D型魁（CM3：48）

2. AⅠ式勺（AM72：50）

3. AⅡ式勺（BM16：5）

4. AⅡ式勺（BM16：5）

5. B型勺（AM22：26）

6. B型勺（CM4：27）

汉墓出土陶魁和陶勺

1. C型勺（AM21：94）

2. Aa Ⅰ式案（AM11：5）

3. Aa Ⅱ式案（AM73：11）

4. Ab型案（BM62：6）

5. Ab型案（CM3：3）

6. Ba型案（AM63：12）

汉墓出土陶勺和陶案

图版二六〇

1. Bb型案（AM42：7）

2. 耳杯（AM50：17）

3. 耳杯（AM60：65）

4. 耳杯（AM18：6）

5. 耳杯（AM60：69）

6. 耳杯（AM60：69）底部文字

汉墓出土陶案和陶耳杯

1. 耳杯（AM33：9）

2. A型盘（AM50：1）

3. Ba型盘（AM48：59）

4. Ba型盘（AM60：40）

5. Bb型盘（BM69：39）

6. Ca型盘（BM56：3）

汉墓出土陶耳杯和陶盘

图版二六二

1. Cb型盘（AM45：33）

2. Cc型盘（BM68：2）

3. 筒形杯（AM23：38）

4. 筒形杯（BM16：2）

5. 筒形杯（AM62：31）

6. 灯（AM17：33）

汉墓出土陶盘、陶筒形杯和陶灯

1. 轮盘（AM71：28）

2. 轮盘（AM71：28）底部文字

3. 磨（AM11：2）

汉墓出土陶轮盘和陶磨

1. AM10：1

2. AM70：30

3. AM10：1

4. AM70：30

汉墓出土陶磨

1. 镇（AM39：25）

2. 饼形器（AM51：53）

3. 饼形器（AM60：73）

4. 饼形器（BM13：22）

汉墓出土陶镇和陶饼形器

图版二六六

1. AM11：7

2. AM11：7

3. AM54：14

4. AM54：14

5. AM17：16

6. AM17：16

汉墓出土陶鸡

1. A型（AM11：6）

2. A型（AM54：12）

3. B型（AM45：63）

4. D型（AM17：11）

5. C型（AM31：7）

6. C型（AM31：7）

汉墓出土陶狗

1. 陶鸽（AM19：11）

2. 陶鸽（AM19：11）

3. 陶兽面（BM15：9）

4. 铜洗（BM15：2）

5. 铜鐎斗（BM15：6）

6. 铜鐎斗（BM15：6）

汉墓出土陶鸽、陶兽面和铜洗、铜鐎斗

1. A型（AM51：28）

2. BⅠ式（AM72：1）

3. BⅠ式（BM36：4）

4. BⅡ式（AM3：1）

5. BⅡ式（AM76：1）

6. BⅢ式（CM21：1）

汉墓出土昭明铜镜

1. 日光铜镜（BM20：21）

2. 日光铜镜（BM75：1）

3. Aa型四乳铜镜（BM17：1）

4. Ab型四乳铜镜（BM29：8）

5. Ac型四乳铜镜（AM40：6）

6. Ac型四乳铜镜（AM40：2）

汉墓出土日光铜镜和四乳铜镜

1. Ac型（BM77：1）

2. Ad型（AM21：23）

3. Ad型（BM11：3）

4. Ad型（BM28：1）

5. Ba型（AM63：1）

6. Bb型（BM14：1）

汉墓出土四乳铜镜

图版二七二

1. Bc型（AM7：1）

2. Bc型（AM10：18）

3. Bc型（AM71：1）

4. Bc型（BM56：1）

5. Bc型（AM67：5）

6. C型（BM21：23）

汉墓出土四乳铜镜

1. C型四乳铜镜（CM2：19）

2. A型五乳铜镜（AM57：25）

3. A型五乳铜镜（CM2：12）

4. B型五乳铜镜（BM64：1）

5. B型五乳铜镜（BM5：4）

6. C型五乳铜镜（BM64：5）

汉墓出土四乳铜镜和五乳铜镜

图版二七四

1. A型七乳铜镜（AM21：30）

2. B型七乳铜镜（BM3：1）

3. AⅠ式连弧纹铜镜（BM63：29）

4. AⅡ式连弧纹铜镜（BM9：5）

5. AⅢ式连弧纹铜镜（BM24：1）

6. AⅢ式连弧纹铜镜（AM46：10）

汉墓出土七乳铜镜和连弧纹铜镜

1. AⅢ式（AM46：14）

2. AⅢ式（AM39：3）

3. AⅢ式（AM36：6）

4. AⅢ式（AM45：1）

5. BⅠ式（BM8：18）

6. BⅡ式（BM5：1）

汉墓出土连弧纹铜镜

1. BⅡ式（CM3：9）

2. BⅡ式（BM17：8）

3. BⅢ式（AM32：1）

4. BⅢ式（AM57：27）

5. BⅢ式（CM12：12）

6. CⅠ式（AM67：1）

汉墓出土连弧纹铜镜

1. CⅡ式（CM3：15）

2. CⅡ式（CM4：1）

3. CⅡ式（CM4：2）

4. CⅡ式（AM26：1）

5. CⅢ式（AM2：1）

6. CⅢ式（AM17：22）

汉墓出土连弧纹铜镜

图版二七八

1. CⅢ式（AM54：1）

2. CⅢ式（AM58：13）

3. CⅢ式（CM2：15）

4. CⅣ式（AM70：31）

5. D型（AM42：1）

6. D型（BM62：1）

汉墓出土连弧纹铜镜

1. A型云雷纹铜镜（AM59：2）

2. B型云雷纹铜镜（CM19：1）

3. AaⅠ式博局铜镜（AM22：5）

4. AaⅠ式博局铜镜（AM59：1）

5. AaⅡ式博局铜镜（AM75：4）

6. AaⅢ式博局铜镜（AM43：38）

汉墓出土云雷纹铜镜和博局铜镜

1. AaⅢ式（AM61：1）

2. AaⅣ式（BM8：14）

3. AbⅠ式（AM63：3）

4. AbⅠ式（BM25：1）

5. AbⅠ式（AM23：8）

6. AbⅡ式（BM36：1）

汉墓出土博局铜镜

1. BⅠ式（AM28：2）

2. BⅠ式（AM38：1）

3. BⅡ式（AM23：4）

4. BⅡ式（AM45：11）

5. BⅡ式（BM11：2）

6. BⅢ式（BM72：22）

汉墓出土博局铜镜

图版二八二

1. BⅢ式（AM58：11）

2. C型（AM34：5）

3. C型（BM63：33）

4. C型（BM76：2）

5. C型（CM3：19）

6. C型（CM6：1）

汉墓出土博局铜镜

1. C型博局铜镜（CM20：1）

2. D型博局铜镜（AM22：3）

3. A型变形四叶纹铜镜（AM18：1）

4. A型变形四叶纹铜镜（BM21：30）

5. B型变形四叶纹铜镜（BM22：8）

6. C型变形四叶纹铜镜（AM46：1）

汉墓出土博局铜镜和变形四叶纹铜镜

图版二八四

1. A型龙虎纹铜镜（AM47：2）

2. A型龙虎纹铜镜（BM35：1）

3. B型龙虎纹铜镜（BM1：6）

4. 铜镜（AM70：1）

1. 刀（BM5：13）

2. 刀（AM58：16）

3. 镞（BM75：17）

4. 镞（BM69：18）

汉墓出土铜刀和铜镞

图版二八六

1. AM21：93

2. AM31：41

3. BM69：19

汉墓出土铜弩机

1. 鞘首饰（AM21：73）

2. 鞘首饰（AM33：5）

3. 顶针（AM59：31）

4. 顶针（AM59：32）

5. A型镈（AM21：59）

6. A型镈（AM21：60）

汉墓出土铜鞘首饰、铜顶针和铜镈

1. B型镈（AM21：61）

2. A型軎（AM21：66）

3. B型軎（AM29：13）

4. 衔镳（AM21：71）

汉墓出土铜镈、铜軎和铜衔镳

1. A型当卢（AM21：58）

2. B型当卢（BM69：20）

3. 铃（BM76：30）

4. 手镯（AM71：8）

5. A型指环（BM7：18）

汉墓出土铜当卢、铜铃、铜手镯和铜指环

1. A型（BM16：21）

2. A型（BM20：22）

3. B型（AM51：27）

汉墓出土铜眉刷

1. Aa型（AM57：36）

2. Aa型（AM62：2）

3. Aa型（BM8：34）

4. Ab型（CM12：16）

5. Ab型（AM24：2）

汉墓出土铜带钩

1. Ab型（AM36：3）

2. B型（BM3：37）

3. B型（BM20：20）

4. C型（BM36：24）

5. C型（AM43：36）

汉墓出土铜带钩

1. A型盖弓帽（CM3：18）

2. B型盖弓帽（AM29：10）

3. 兽面饰（BM75：14）

4. 铺首（AM27：8）

汉墓出土铜盖弓帽、铜兽面饰和铜铺首

图版二九四

1. AM72：2

2. AM72：2印文

3. AM72：3

4. AM72：3印文

汉墓出土铜印章

1. BM3：38

2. BM3：38印文

3. BM14：31

4. BM14：31

汉墓出土铜印章

图版二九六

1. 半两钱（BM21：26a）正面

2. 半两钱（BM21：26a）背面

3. 半两钱（BM21：26b）正面

4. 半两钱（BM21：26b）背面

5. AⅠ式五铢钱（BM24：5）正面

6. AⅠ式五铢钱（BM24：5）背面

7. AⅡ式五铢钱（BM20：18a）正面

8. AⅡ式五铢钱（BM20：18a）背面

汉墓出土铜半两钱和铜五铢钱

图版二九七

1. BⅠ式（BM11：1a）正面

2. BⅠ式（BM11：1a）背面

3. BⅡ式（BM20：18b）正面

4. BⅡ式（BM20：18b）背面

5. C型（CM3：24a）正面

6. C型（CM3：24a）背面

7. DⅠ式（BM21：26c）正面

8. DⅠ式（BM21：26c）背面

汉墓出土铜五铢钱

图版二九八

1. DⅠ式（BM11：1b）正面

2. DⅠ式（BM11：1b）背面

3. DⅡ式（CM2：13）正面

4. DⅡ式（CM2：13）背面

5. DⅡ式（CM3：24b）正面

6. DⅡ式（CM3：24b）背面

7. DⅡ式（BM11：1c）正面

8. DⅡ式（BM11：1c）背面

汉墓出土铜五铢钱

1. A型（BM36：5a）正面

2. A型（BM36：5a）背面

3. B型（BM36：5b）正面

4. B型（BM36：5b）背面

5. C型（BM36：5c）正面

6. C型（BM36：5c）背面

7. 小货泉（BM36：5d）正面

8. 小货泉（BM36：5d）背面

汉墓出土铜货泉

图版三〇〇

1. A型大泉五十（BM3：35）正面

2. A型大泉五十（BM3：35）背面

3. B型大泉五十（CM3：22a）正面

4. B型大泉五十（CM3：22a）背面

5. 布泉（BM36：5e）正面

6. 布泉（BM36：5e）背面

7. B型货泉（BM7：16）正面

8. B型货泉（BM7：16）背面

汉墓出土铜大泉五十、铜布泉和铜货泉

1. B型大泉五十（CM3：22b）正面

2. B型大泉五十（CM3：22b）背面

3. 小泉直一（AM28：1）正面

4. 小泉直一（AM28：1）背面

5. “一刀平五千”刀币（CM3：46）正面

6. “一刀平五千”刀币（CM3：46）背面

汉墓出土铜大泉五十、铜小泉直一和铜“一刀平五千”刀币

图版三〇二

1. DⅠ式（AM18：2）正面

2. DⅠ式（AM18：2）背面

3. DⅠ式（BM21：26d）正面

4. DⅠ式（BM21：26d）背面

5. DⅡ式（BM62：2a）正面

6. DⅡ式（BM62：2a）背面

7. BⅠ式（BM43：6）正面

8. BⅠ式（BM43：6）背面

汉墓出土铜剪轮、磨郭和符号五铢钱

1. BⅡ式（BM49：17）正面

2. BⅡ式（BM49：17）背面

3. DⅠ式（BM63：32）正面

4. DⅠ式（BM63：32）背面

5. BⅠ式（AM57：26）正面

6. BⅠ式（AM57：26）背面

7. DⅡ式（BM62：2b）正面

8. DⅡ式（BM62：2b）背面

汉墓出土铜五铢钱

图版三〇四

1. 私铸五铢钱（BM62：2c）正面

2. 私铸五铢钱（BM62：2c）背面

3. 花穿五铢钱（CM3：22c）正面

4. 花穿五铢钱（CM3：22c）背面

5. 外郭有砍痕五铢钱（AM46：4）正面

6. 外郭有砍痕五铢钱（AM46：4）背面

7. “五”字上下穿孔五铢钱（AM36：7）正面

8. “五”字上下穿孔五铢钱（AM36：7）背面

汉墓出土特型铜五铢钱

1. 左读五铢钱（AM40：32）正面

2. 左读五铢钱（AM40：32）背面

3. 90度合背五铢钱（AM45：3）正面

4. 90度合背五铢钱（AM45：3）背面

5. 綖环五铢钱（BM22：4a）正面

6. 綖环五铢钱（BM22：4a）背面

7. 对文五铢钱（BM22：4b）正面

8. 对文五铢钱（BM22：4b）背面

汉墓出土特型铜五铢钱

1. 铜扣器（AM17：7）

2. 铜镊子（BM17：9）

3. 铁铲（BM28：27）

4. 铁铲（AM79：4）

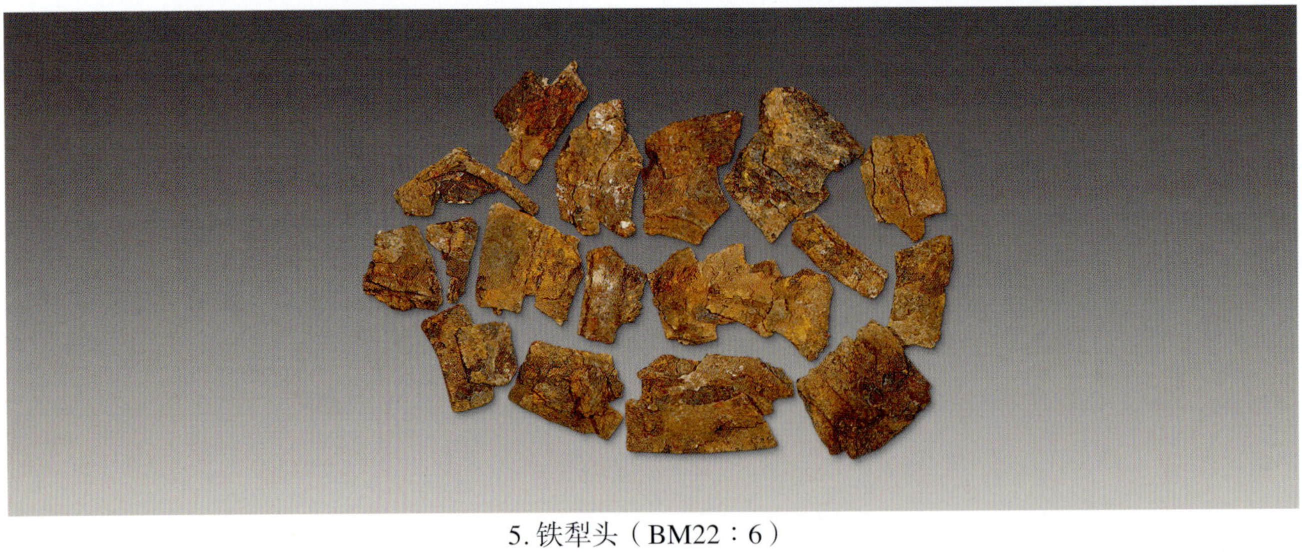

5. 铁犁头（BM22：6）

汉墓出土铜扣器、铜镊子、铁铲和铁犁头

1. A型（CM19：21）

2. A型（AM76：34）

3. A型（BM72：17）

4. B型（BM11：34）

5. B型（BM59：30）

汉墓出土铁锸

1. A型镰（BM62：3）

2. B型镰（AM39：5）

3. A型刀（CM12：14）

4. A型刀（BM28：8）

5. A型刀（BM14：30）

汉墓出土铁镰和铁刀

1. Ba型（AM38：3）

2. BbⅠ式（AM79：10）

3. BbⅠ式（BM21：27）

4. BbⅡ式（AM38：14）

汉墓出土铁刀

1. BbⅡ式（AM76：33）

2. BbⅡ式（BM24：18）

3. Bc型（AM18：19）

4. Bd型（AM45：13）

5. Be型（AM44：1）

6. C型（BM17：10）

汉墓出土铁刀

1. A型（AM24：3）

2. A型（AM57：29）

3. A型（CM3：11）

4. A型（AM36：12）

5. B型（CM3：1）

6. C型（AM51：1）

汉墓出土铁剑

图版三一二

1. AaⅠ式（AM72：7）

2. AaⅢ式（AM72：6）

3. AaⅢ式（AM57：28）

4. Ab型（AM21：43）

汉墓出土铁戟

1. Ab型（AM21：91）

2. B型（BM23：13）

3. B型（BM23：15）

4. B型（CM6：10）

汉墓出土铁戟

1. A型（AM21：89）

2. A型（AM21：90）

3. A型（AM62：34）

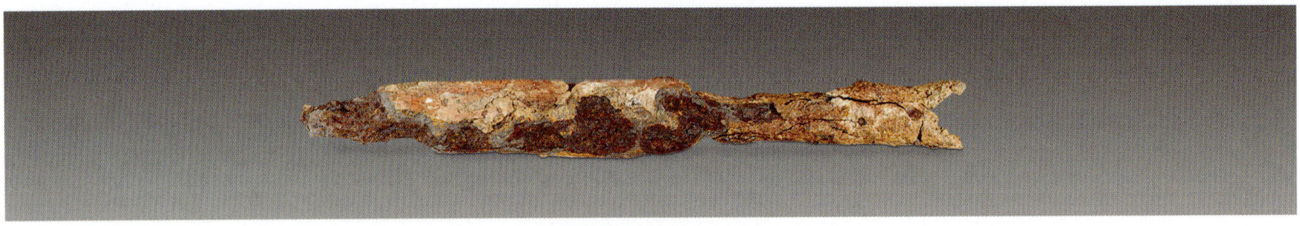

4. A型（AM62：33）

5. A型（CH1②：1）

6. B型（BM17：15）

汉墓出土铁矛

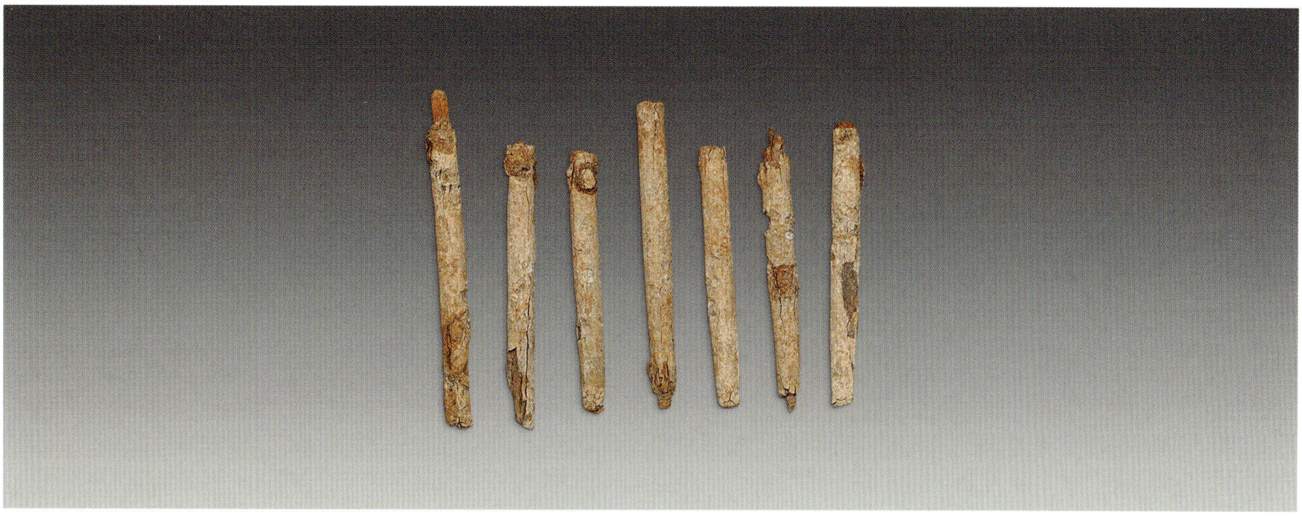

1. 铁镞（AM48：65）

2. 铁钱（BM35：15）正面

3. 铁钱（BM35：15）背面

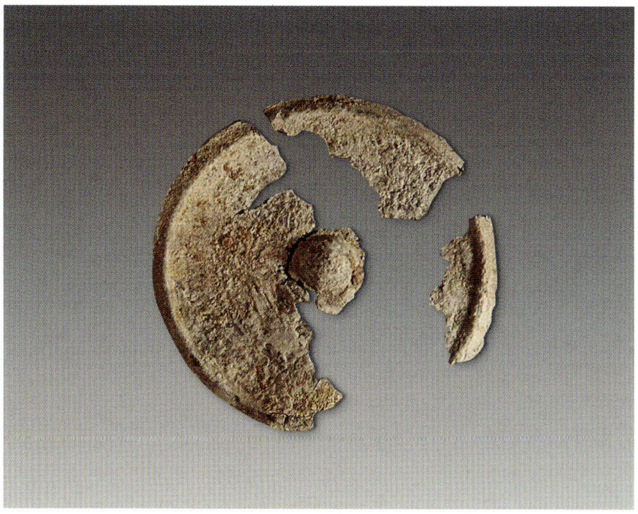

4. 铅镜（AM71：3）

5. 铅镜（AM44：12）

汉墓出土铁镞、铁钱、铅镜

图版三一六

1. 铅钗（AM46：27）

2. 银手镯（AM45：64、6）

3. A型银指环（BM64：6）

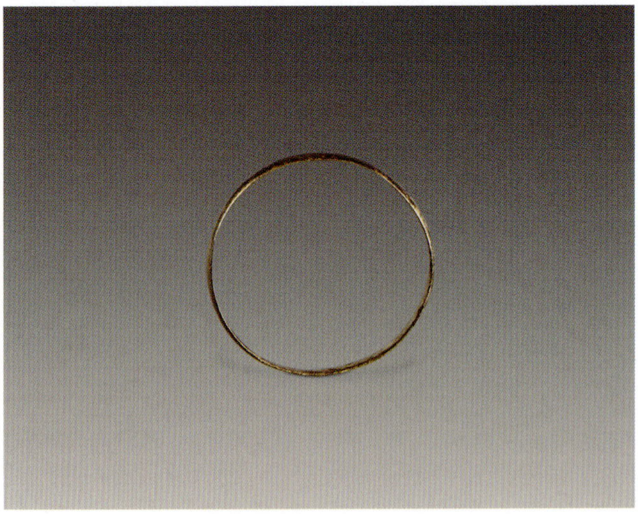

4. B型银指环（AM50：43）

汉墓出土铅钗、银手镯和银指环

1. 石豚（AM58：33）

2. 长方形石器（AM51：24）

3. 长方形石器（AM39：22）

4. 石墨饰（BM1：27）

汉墓出土石豚、长方形石器和石墨饰

1. 磨（BM63：35）

2. 磨盘（AM67：3）

3. 磨盘（BM61：18）

汉墓出土石磨和石磨盘

1. 长方形石器（AM47：4）

2. B型方形石器（AM24：35）

3. A型方形石器（BM3：3）

4. A型方形石器（AM63：4）

汉墓出土长方形石器和方形石器

1. 粉块（BM5：7、6）

2. B型方形石器（CM3：53）

3. 石球（AM45：2）

4. 石球（BM8：48）

汉墓出土粉块、方形石器和石球

1. 玛瑙耳饰（AM50：42）

2. 玛瑙耳饰（BM29：54）

3. 玛瑙耳饰（BM48：12）

4. 长方形穿孔玉板（BM68：29）

5. 玉剑璏（AM59：6）

6. 方形玉佩（AM45：7）

7. 方形玉佩（BM29：1）

汉墓出土玛瑙耳饰、长方形穿孔玉板、玉剑璏和方形玉佩

1. 白玉环饰（BM61：19）

2. 琉璃耳饰（AM22：4）

3. 琉璃耳饰（AM76：28）

4. 琉璃坠饰（BM8：22）

5. 琉璃坠饰（AM57：32）

6. 琉璃耳饰（AM45：56）

7. 琉璃耳饰（BM72：16）

汉墓出土玉器、琉璃器

1. 瓷珠（AM17：42）

2. 绿松石坠饰（AM17：39）

3. 瓷珠串饰（AM71：6）

4. 串珠（BM24：31）

5. 串珠（BM24：4）

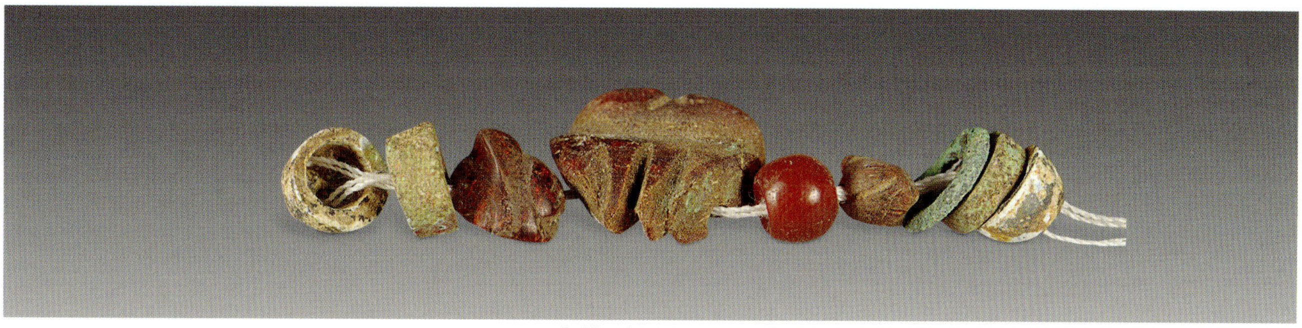

6. 串饰（AM45：8）

7. 串饰（AM58：29）

汉墓出土串珠和串饰

1. 骨六博骰子（AM46：28）

2. 骨饰（AM44：3）

3. 骨饰（AM44：3）

4. 骨饰（BM3：47）

5. 骨饰（AM74：3）

汉墓出土骨六博骰子和骨饰

1. AM12（南→北）

2. AM12墓室

3. AM13（南→北）

4. AM13墓室

AM12、AM13

图版三二六

1. AM14（南→北）

2. AM14墓室

3. AM15（北→南）

4. AM15墓室

AM14、AM15

1. AM16（南→北）

2. AM16墓室

3. AM64（南→北）

4. AM64墓室

AM16、AM64

1. AM49（东→西）

2. 棺1

3. 棺2

AM49

1. AM65（北→南）

2. 墓室

3. 棺1、棺2

4. 棺2细部

AM65

1. AM66（东→西）

2. AM66墓室

3. AM80（西→东）

AM66、AM80

1. BM4（东→西）

2. BM4墓室

3. BM10（北→南）

4. BM10墓室

BM4、BM10

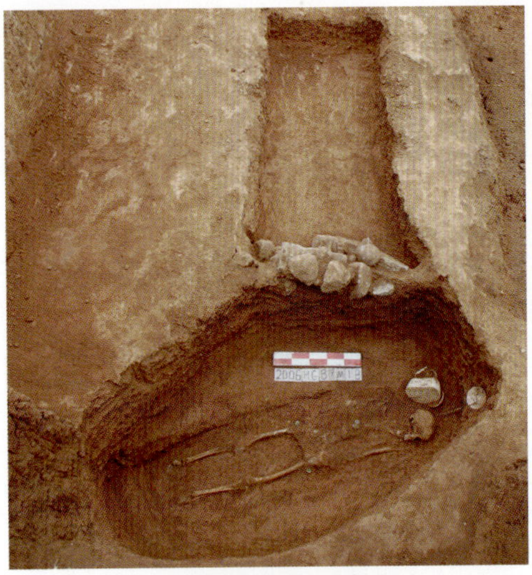

1. BM18（北→南）

2. BM18墓室

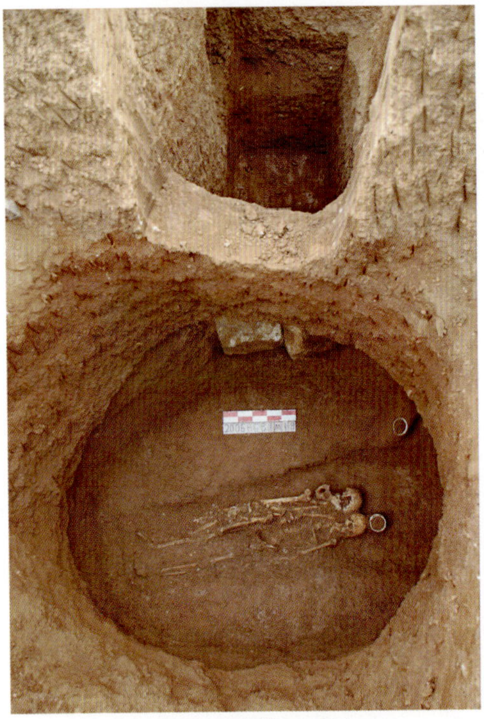

3. BM19（北→南）

4. BM19墓室

BM18、BM19

1. BM32（北→南）

2. BM32墓室

3. CM10（东→西）

4. CM11（南→北）

BM32、CM10、CM11

图版三三四

1. CM7（北→南）

2. CM8（北→南）

3. CM9（南→北）

CM7、CM8、CM9

1. CM13（西→东）

2. CM14（南→北）

3. CM15（北→南）

4. CM15墓室

CM13、CM14、CM15

图版三三六

1. CM16（北→南）

2. CM17（北→南）

3. CM18（南→北）

4. CM22（北→南）

5. CM23（南→北）

CM16、CM17、CM18、CM22、CM23

1. 陶罐（AM65：9）

2. 陶罐（BM10：4）

3. 釉陶枕（AM65：1）

4. 瓷执壶（AM64：3）

5. 瓷执壶（BM10：1）

宋墓出土陶罐、釉陶枕和瓷执壶

1. A型碗（AM64：2）

2. B型碗（BM10：2）

3. A型碗（BM10：5）

4. A型盏（AM64：1）

5. A型盏（AM64：4）

6. A型盏（AM64：5）

宋墓出土瓷碗和瓷盏

1. A型（BM10：3）

2. A型（BM10：6）

3. A型（BM32：1）

4. B型（BM18：3）

5. B型（BM18：1）

6. B型（BM19：1）

宋墓出土瓷盏

图版三四〇

1. 瓷枕（BM18：5）

2. 瓷枕（BM18：5）

3. 瓷罐（AM66：1）

4. 瓷罐（AM65：2）

5. 瓷罐（BM19：2）

6. 瓷罐（AM49：1）

宋墓出土瓷枕和瓷罐

1. BM18：4

2. CM11：1

3. AM80：1

宋墓出土瓷罐

图版三四二

1. 铜钗（AM65：4）

2. 铜钗（BM18：2）

3. 铜簪（CM9：1）

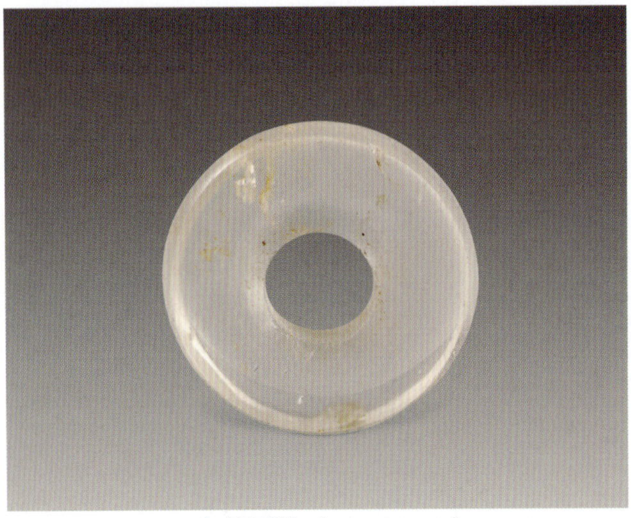

4. 水晶耳饰（AM66：2）

5. 水晶耳饰（AM66：3）

宋墓出土铜钗、铜簪和水晶耳饰

1. AM52（上为东）

3. 朱符板瓦（AM52：2）

2. 墓室

4. 朱符板瓦（AM52：3）

5. 瓷罐（AM52：1）

6. 瓷罐（AM52：1）底部文字

AM52及出土遗物

图版三四四

1. BM34（东→西）

2. 墓室

3. 铁犁铧（BM34：1）

4. 墓志砖（BM34：6）

BM34及出土遗物